マトリクス思考

2軸で切る、視える、決める

グロービス
経営大学院 著

嶋田毅 監修

東洋経済新報社

はじめに

皆さんはこんな悩みを抱えたことはありませんか?

「やるべきことが山積みで、どこから手をつけるべきか迷ってしまう」
「会議が長引くだけで結論が出ない」
「自分の考えをまとめたいのに、どう整理すればいいかわからない」

こうした状況は、多くの人が日常的に経験するものです。このようなときに、問題や課題を整理し、見通しを立てるために役立つのが「マトリクス思考」です。

マトリクスとは、2つの軸を設定して物事を分類し、全体像を整理するフレームワークです。聞き慣れない言葉かもしれませんが、やり方はとてもシンプルです。たった2本の線を引くだけで、たとえば、どんな要素が重要で、どこにリソースを集中すべきかが自然と見えてきます。この方法を使えば、複雑な状況でも本質を捉えやすくなり、次に取るべき行動を明確にする手助けになります。

しかし、多くの人はマトリクスの使い方を「知っている」だけで、本当の力を活用できていません。

「既存のマトリクスでは対応できない問題にはどうすればいいのか」
「自分の状況に合った軸をどう設定すればいいのかわからない」

こうした疑問を持つ方もいらっしゃるのではないでしょうか?
本書では、そんな悩みを解消し、マトリクスを日常や仕事に活用する

ための具体的な方法をお伝えします。「マトリクスなんて初めて聞いたけれど、どうやら便利そうだ」「そんな簡単な方法で本当に解決できるの？」と思われた方にこそ、ぜひ読んでいただきたい内容です。

本書は以下の3つのパートに分かれています。

第1章では、マトリクス思考の基本を解説します。マトリクス思考の効用や、どんな基本型があるのかなど具体例を交えて解説しています。

第2章では、オリジナルのマトリクスを作る方法を紹介します。ご自身の課題や目的に応じた2軸をデザインする力が身につくでしょう。

第3章では、われわれが独自に開発した新しいマトリクスをいくつかご紹介します。実際のビジネスや日常生活に役立つテーマばかりなので、気になるものから自由に読み進めてください。

本書は、日本最大規模の経営大学院であるグロービス経営大学院の2年次の研究プロジェクト「マトリクス思考を極める」から生まれたものです。この研究の中で、われわれは改めてマトリクス思考のパワーを確認するとともに、オリジナルの新規マトリクスをどう作ったらいいかなど、様々な議論を重ねました。その集大成とも言えるのが本書です。

また、本書の主眼はマトリクス思考ですが、経営学を教えるグロービスらしく、各所にビジネスの知識や事例なども多数紹介しています。経営学というものの面白さや奥深さに加え、「経営大学院で学んだ人間はこうしたことを当たり前の知識として持っているんだ」ということも感じとっていただければと思います。

マトリクス思考は、課題を整理するだけでなく、自分の考えを明確にし、効率的な意思決定を促すための力強いツールです。本書を通じて、皆さんのお仕事の役に立てば、執筆陣としても非常に幸甚です。

マトリクス思考　目次

はじめに 1
プロローグ　〜あるビジネスパーソンの悩み〜 7

第1章　マトリクス思考の基本

1 マトリクス思考の効用 18
エピソード1：自己の思考プロセスの観点 25
エピソード2：相手とのコミュニケーションの観点 29
エピソード3：副次的効用の観点 33

2 マトリクスのタイプ 39
①ポジショニング型 39
②セル型（分類型） 42
③セル型（方向性型） 45
④メカニズム型 48
⑤センターボックス型 49

第2章　新規マトリクスを考案し、使ってみるプロセス

1 課題設定：イシュー（課題・問題・論点）を正しく捉える 56

3

2 適切な型を選ぶ 60

3 軸の候補を選ぶ 62

4 マトリクスを作る：2軸の組み合わせ、
中心値の設定、セルの名付け 66

5 実際に使用して有用性や普遍性を評価する 73

第3章 | 新規マトリクス事例

Part1. 対人コミュニケーション・リーダーシップ編 79
　1　チームビルディングマトリクス 79
　2　ボス・マネジメントマトリクス 83
　3　部下の指導方針マトリクス 87
　4　新人の指導の方向性マトリクス 90
　5　リーダーシップ発揮の行動・言葉マトリクス 93
　6　コミュニケーション深化マトリクス 96
　7　対「苦手な人」マトリクス 99
　8　タックマンモデル（マトリクス型） 102
　9　1on1での相互理解促進マトリクス 105

Part2. 志・キャリアデザイン編 109
　10　やりたいこと探しマトリクス 109
　11　自己成長マトリクス 113
　12　ワーク・オートノミーマトリクス 116
　13　副業と成長マトリクス 120

	14	転職判断マトリクス	123
	15	（アンゾフの）"転職"マトリクス	127

Part3. 思考編 — 130

	16	問題解決タイピング	130
	17	ファシリテーションの方針マトリクス	133
	18	会議中の「抵抗勢力」への対処マトリクス	137
	19	ナッジマッピング	140
	20	エフェクチュエーション（マトリクス型）	143

Part4. 戦略・マーケティング編 — 147

	21	コスト削減の2段階マトリクス	147
	22	新技術の評価マトリクス	151
	23	在庫管理マトリクス	155
	24	SDGsと事業ポートフォリオ	159
	25	パワーの大きさを活用したDMUマッピング	163
	26	受注アプローチマトリクス	168

Part5. 組織マネジメント編 — 171

	27	エンゲージメント向上マトリクス	171
	28	人員異動マトリクス	174
	29	昇格者選考マトリクス	178
	30	リモートワーク推進マトリクス	182
	31	メンタルヘルス対応マトリクス	186
	32	スタートアップの成長ボトルネックマトリクス	190

Part6. 会計・ファイナンス編 — 193

	33	納入業者の小売店棚割り粗利ミックス	193
	34	交叉比率マトリクス	196
	35	企業の節税対策マトリクス	199
	36	KPIマトリクス	202

Part7.	テクノベート編	205
37	DX方針マトリクス	205
38	RPAマトリクス	209
39	AIに代替されやすい仕事マトリクス	212
40	AIに代替されにくい仕事マトリクス	215

エピローグ	219
参考文献	227
著者・執筆者紹介	228

プロローグ　〜あるビジネスパーソンの悩み〜

「まずい。仕事が溜まりすぎている。このままでは間に合わない……」

専門商社である馬鳥商事の営業企画部に所属している私、鈴木千夏は、最近、課長となり、忙しいながらも充実した日々をすごしていた。ただ、日常業務に加え、新しいプロジェクトに参画したため、少々タスク過多気味になっている。そこに新たに複数の仕事が舞い込んできたため、いよいよ仕事が回らなくなってしまった。気持ちは焦るばかりで何から手を付けていいのかわからない。週はじめの月曜日早々、1人オフィスに残る状況になってしまった。

「さて、どうしたものかしら」

人気のないオフィスで1人つぶやく。

「こんなに遅くまで、どうしたのかな？」

振り返ると1人の男性がオフィスの入り口に立っている。

「え？　専務？」

そこに立っていたのは馬場祐樹専務であった。

「鈴木課長、ずいぶんと遅くまでがんばっているじゃないか。何か悩んでいる様子だけど、どうしたのかな？」

専務と直接話すのは、はじめてである。もともと同業他社出身で日本有数のビジネススクールでMBAを取得し、この会社に転職して取締役に就任した。母校のビジネススクールで教鞭をとるとともに、各方面で講演などの依頼も絶えないビジネスの達人だ。ということは、私の抱える悩みも解決してくれるかもしれない。思い切って相談してみることにした。

　「実は仕事を抱えすぎて、追い付かなくなっています。どこから手を付ければいいでしょうか」
　「そうだね。私でよければ力になるよ。まあ、歳相応にいろいろと知恵は持っているからね」

　柔和な笑みの裏に、一瞬鋭い眼光を感じた。

　「では、よろしくお願いします」
　「じゃあ、まずは仕事の整理をしてみようか。今抱えている、悩みの種の仕事を教えてもらえるかな？」

　私は新たに抱えることになった仕事のうち、どこから手を付けていいか悩んでいる、手間のかかりそうなもの４つについて説明した。

　Ａ：３日後に行われる入札のプレゼン資料作り
　Ｂ：週末に行われる社内ゴルフコンペの準備
　Ｃ：２週間後までに提出する来期の計画策定
　Ｄ：来週金曜日に行われる会議の資料のブラッシュアップ（主に見映えを良くする作業）

　「まずはこれらの仕事を、緊急度の高い仕事と低いタスクに分けてみ

ようか」

　馬場専務に促され、私は4つの仕事の緊急度の高低でグループ分けを
行った。

　【緊急度：高】
　A：3日後に行われる入札のプレゼン資料作り
　B：週末に行われる社内ゴルフコンペの準備

　【緊急度：低】
　C：2週間後までに提出する来期の計画策定
　D：来週金曜日に行われる会議の資料のブラッシュアップ

「それぞれの仕事の重要度はどうかな？」

　【重要度：高】
　A：3日後に行われる入札のプレゼン資料作り
　C：2週間後までに提出する来期の計画策定

　【重要度：低】
　B：週末に行われる社内ゴルフコンペの準備
　D：来週金曜日に行われる会議の資料のブラッシュアップ

「最後に、緊急度と重要度を縦軸と横軸にした図を作って、それぞれ
を配置してみようか」

　私は近くにあったホワイトボードを裏返し、まっさらな部分に指示通
りに書き込みをしていく。

「はい、こうなりました」

図表 0-1　アイゼンハワーマトリクス例 1

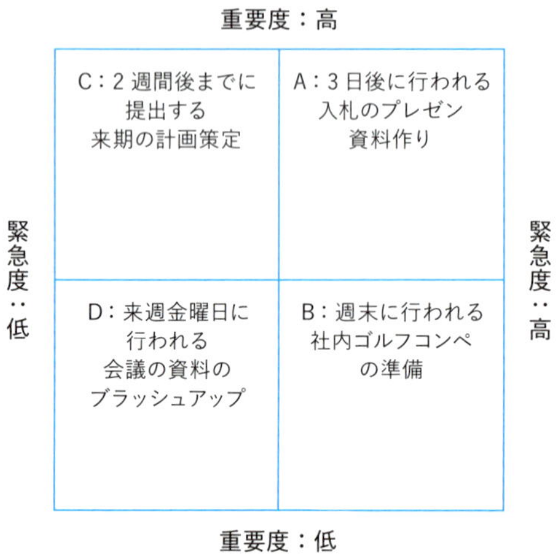

重要度：高

C：2週間後までに 提出する 来期の計画策定	A：3日後に行われる 入札のプレゼン 資料作り
D：来週金曜日に 行われる 会議の資料の ブラッシュアップ	B：週末に行われる 社内ゴルフコンペ の準備

緊急度：低　　　　　　　　　　　　　　　　緊急度：高

重要度：低

　「だいぶ整理できてきたね。では、これに優先順位をつけていこう。まず、『重要かつ緊急』な右上のA。3日後という短いリードタイムで、予算達成がかかっているから、最重要な仕事だね。次に優先度が高いのはどれだかわかるかい？」

　「右下の『緊急だが重要ではない』Bですか？」

　「実は第二に優先すべきなのは、左上の『重要だが緊急ではない』Cの仕事なんだよ」

　「え？　緊急度の高い仕事からとりかかるのではないのですか？」

　「そうだね。緊急ではあるが、重要ではない仕事についてはどう考えるべきかな？　君の立場は課長だよね。果たしてチームを指揮するリーダーが、さして重要ではない社内ゴルフコンペの準備を自分で行うべきかな？　大切な取引先との接待ゴルフならば多少重要度は上がるから君がやるのもわかるけど」

「……おっしゃる通りです」

「このタイプの仕事は、自分ではなく他人に任せていい仕事なんだ。ただし、緊急度は高いから、進捗状況は常に確認しておくようにしないとね」

　少し自分で抱えすぎていたことを反省しつつ、チームメンバーの顔を思い浮かべ、誰に任せるべきか考える。

「では、左下の『緊急でもなく、重要でもない仕事』はどうするかな？」

「そうですね……。そもそも請け負うべきではなく、可能であれば自分のチームメンバーの手も煩わしたくはないですね」

「そう、課長である君が、パワーポイント資料の見映えを良くするという仕事を抱えているということは、役員あたりから依頼されたのかな」

「……」

「本来なら、この仕事は役員のスタッフがやるような仕事だよね。そもそも、社内会議の資料の見映えにこだわることにどこまで意味があるかな。このような仕事はそもそも受けるべきではなく、断るべきものだ。仮に受けたとしても、自分で行う必要はなく、真っ先に切るべき。他の人に行ってもらうか、可能であればすぐにキャンセルしてしまおう」

図表 0-2　アイゼンハワーマトリクス例2

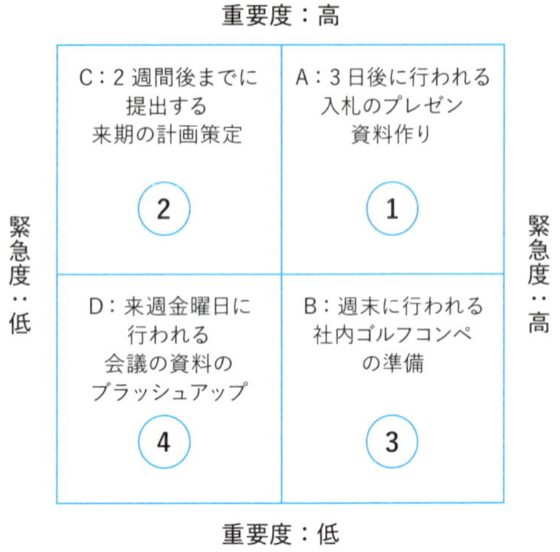

重要度：高

C：2週間後までに 提出する 来期の計画策定 ②	A：3日後に行われる 入札のプレゼン 資料作り ①
D：来週金曜日に 行われる 会議の資料の ブラッシュアップ ④	B：週末に行われる 社内ゴルフコンペ の準備 ③

緊急度：低　　　　　　　　　　　　　　　　緊急度：高

重要度：低

　馬場専務の説明を受け、仕事整理のめどがついた。

　「専務、ありがとうございます。これで皆に迷惑をかけなくて済みます」
　「それはよかった」
　「それにしても、こんなやり方があるのですね」
　「これはアイゼンハワーマトリクスと言って、元アメリカ大統領のドワイト・アイゼンハワーが自身の仕事の優先順位をつけるために考案したと言われているものだ。別名『緊急度×重要度マトリクス』とも呼ばれている」
　「2軸を掛け合わせて配置するだけで、効果的に仕事が整理できるのはいいですね」
　「この図に限ったことではないけど、2軸を掛け合わせるという方法はよく用いられているよ。マトリクス思考という考え方で、誰もが身につけることができる、非常に有効な発想法だ」

「マトリクス思考？　確かに2軸で4象限に分けた図はたまに見かけますね。そうしたマトリクスはすべて勉強しておくといいのですか？」

「もちろん、ビジネスに応用できる有名なマトリクスは知っているに越したことはない。アンゾフの事業拡大マトリクスとか、アドバンテージ・マトリクスとか、Will-Skillマトリクスなど、ビジネスフレームワーク、つまり物事を考える枠組みにマトリクスの形をしたものは多いからな。ただ、既存の有名なものを用いることも効果的だけど、新しいマトリクスを自分で考えることも効果的なんだ」

専務の意外な発言に私は驚き、少しだけ大きな声を出してしまった。

「えっ、自分で作ってもいいんですか？」

「そうだね。少しコツは必要だけど、誰もが自分でオリジナルのものを作って活用できるのがマトリクスのいい点だ。たとえば自分の部下を指導する指針を考えるために部下をタイプ分けするとしよう。2軸を選ぶとしたらどんな軸が考えられるかな」

「そうですね。先ほど専務が言われたウィル、すなわちやる気とスキルの2軸で整理するのはよさそうですね」

「そうだね。他にオリジナルのアイデアはあるかな」

私はしばし考えた。

「そうですね……。たとえば業務の定型度合いと習熟度なんかはどうでしょうか」

「それはいいアイデアだね。定型業務の比率が高くて習熟度が高い部下であれば、そこまで込み入った指導は必要ないだろう。一方で、非定型業務の比重が高く、習熟度も低い部下であれば、きめ細かな指導が必要になる。コーチングで気付かせるアプローチなんかも有効かもしれな

い。他にアイデアはあるかな」

　いろいろな軸は思いつくのだが、どのように組み合わせればいいのだろうか。

　「他にですか……。年齢と性別はどうでしょう」
　「……もちろんその軸もありえなくはないかな。ただ、この時代に指導の方針を考える上でそんなに外的属性が重要かな？」
　「たしかにそうですね。かえって変に型にはめてしまうかもしれません」
　「マトリクスは作ることが目的ではなくて、効果的に使えるかどうかが大事なんだ」
　「……」

　私は数分考えてみた。

　「では、コミュニケーションの度合いと成績の2軸なんかはどうでしょうか」
　「うん、それはいいアイデアかもしれないね。成績が悪いのにあまりコミュニケーションしない部下は何を考えているかわからないところがあるから、積極的にコミュニケーション量を増やすといいかもしれないな」
　「こう考えてみると、いろいろと自分でマトリクスって作れるものですね」
　「それがマトリクス思考のパワーさ。この考え方をマスターして仕事に活用するといろんなメリットがあるよ」
　「ただ、実際に役に立つマトリクスを作るのは意外に難しいですね」
　「だからこそ考えがいがあるんじゃないか。マトリクス思考は一見単

純だけど奥が深いんだ。論理的思考や創造性を鍛えることにもつながるから、ぜひ日頃から意識して使ってみるといいよ」

第 1 章

マトリクス思考の基本

マトリクス思考の効用

1

さて、変化が激しく将来予測が難しい昨今、経験則や今まで通りのやり方では太刀打ちできないことが増えています。また、特にテクノロジーの分野などで新しい概念が次々と生まれ、さらに人々の価値観も大きく変化しています。Z世代と呼ばれる新しい世代がますますビジネスシーンで重要な意味を持つようにもなってきました。こうした時代においては、ビジネスパーソンも課題発見力や創造力、柔軟性をさらに高めていく必要性が生じます。

マトリクス思考はその一助となる思考法と言えるでしょう。**たった2本の線を引いて象限（セル）の意味を考えたり、要素をプロットするだけで、様々なシーンでの課題解決に非常に高い効果を発揮します。**先人たちが開発し世に広まった有名なマトリクスも多数ありますが、発想自体がシンプルなため、自身で作ることも可能です。極論を言えば、無限のマトリクスが存在し、それを目的に合わせて自在に使うことが可能なのです。

マトリクス思考を活用することによる効用は多岐にわたりますが、ここでは8つのポイントをご紹介します。大きく、自己の思考プロセス、相手とのコミュニケーション、そして副次的効用の3つの観点に分けて考えてみましょう。

《自己の思考プロセスの観点》

まず自己の思考プロセスの観点では、以下の効用があります。

①物事を大きな抜け漏れなく整理することができる（「MECE＝漏れなくダブりなく」で考えることができる）
②新たな気付きを得ることができる
③意思決定に役立てることができる

　まず①から考えてみましょう。たとえば、課題に対する解決策を頭の中で漠然と思い浮かんだ順番に箇条書きで出していったとします。以下のようなイメージです。

　シチュエーション：奥さんに気のきいた誕生日プレゼントを贈りたいが何がいいか悩んでいる

・豪華ディナー
・ペット
・旅行
・アクセサリー
・バッグ
　……

　この方法でも結果として良いアイデアに至ることがあるかもしれませんが、これでは抜け漏れ、言い換えれば見落としが発生しがちです。ここでたとえば「形に残る／残らない」「お金がかかる／かからない」という2軸のマトリクスを作ってみましょう。そうすると、たとえば「形に残る」×「お金がかからない」という象限に、手作りの写真アルバムやオリジナルの曲や絵などといったアイデアを出すことができます。最初の箇条書きの段階ではこの発想はなかったですから、これだけでも大きな進化です。

このマトリクス以外にも、「奥さんが嬉しい／2人とも嬉しい」と「精神的満足／身体的満足」の2軸を用いた方法なども考えられます。「2人とも嬉しい」×「身体的満足」の象限の候補として新たにエステ券などが思い浮かぶかもしれません。

　②と③はマトリクスのわかりやすい効用です。たとえばプロローグに登場したアイゼンハワーマトリクスで、最近時間を使っている仕事10個（A〜J）をプロットして以下のような結果になったとします。

図表 1‑1　優先させるべき仕事

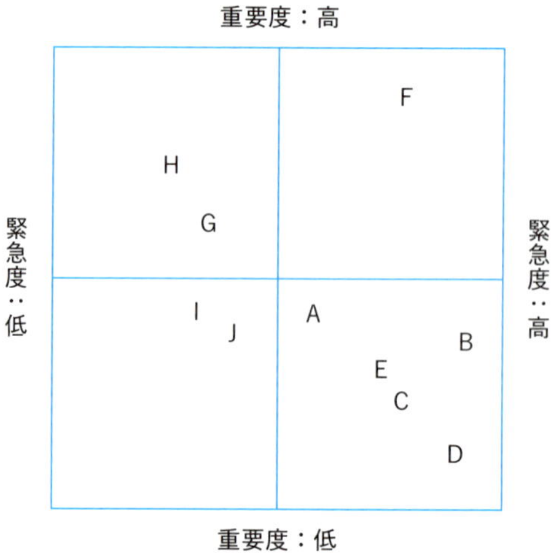

重要度：高

	緊急度：高
緊急度：低	

F

H

G

I

J

A

B

E

C

D

重要度：低

　この分析結果から、本来優先させる仕事は少なく、他人に任せるか、断ってしまった方がいい仕事に時間がとられすぎていることがわかります。これらを「断捨離」して、最優先のFの仕事や、現在手が付けられていない重要かつ緊急性の低いHやGの仕事をする方が良い結果につながるということが判断できるのです。

《相手とのコミュニケーションの観点》

　相手とのコミュニケーションの観点では、以下の3つのことが期待できます。

　④メンバー内で前提を合わせることができる
　⑤相手と意識（目標）合わせをすることができる
　⑥相手に気付きを与え、意思決定に貢献することができる

　④⑤については、たとえば、ミーティング内で自身の考えを言葉で伝えてもなかなか相手に理解してもらえない場面があったとします。そのような際にマトリクスで可視化して相手に伝えると、相手は理解しやすくなり、前提や意識合わせがスムーズにできます。

　たとえば④の例として、優先して取り組む事業であるA事業からD事業の4つの候補があるとします。あなたはA事業を推していますが、同僚の片桐さんはA事業は最も優先順位が低く、D事業に最優先で取り組むべきと主張しています。あなたは、ぼんやりと頭の中で考えていた優先順位をマトリクスで示してみました。

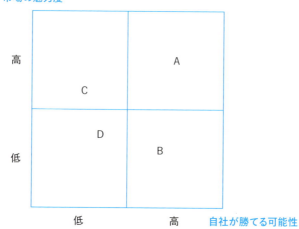

図表1-2　取り組むべき事業の優先順位

このマトリクスを見て片桐さんがこう言ったとします。

「なるほど、あなたはこのように考えていたのですね。趣旨は理解しました。私はSDGsを重視していたので、そのインパクトが最も強そうなD事業を優先させるべきだと思っていたのです。E事業で培ったノウハウも活かせそうですし」

このように頭の中で考えていたことを可視化し、その前提などを共有できることは、多くの人が関与するビジネスにおいては非常に大きな効用と言えます。生産的な議論にもつながるでしょう。

⑥の効用はプロローグの馬場専務の鈴木課長へのアドバイスを思い出してください。相手にマトリクスの形で整理してもらうことで様々な気付きを与えることができますし、相手の良き意思決定に貢献することもできるのです。

時には、マトリクスで現実を可視化することで相手を驚かせ、対策を練らなくてはいけないという意識を植え付けることも可能です。たとえば上司が部下のAさんに対して下図のような観察結果を示したら、Aさんは「頑張らないとまずい」と思うことでしょう。

図表1-3　チームメンバーの仕事のパフォーマンス評価

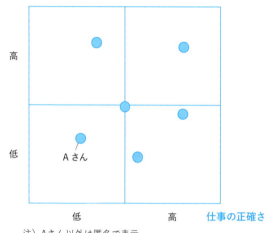

注）Aさん以外は匿名で表示

《副次的効用の観点》

副次的効用の観点では、以下があります。

⑦論理思考の能力が鍛えられる
⑧創造的思考が鍛えられる

まず⑦の論理思考ですが、論理思考は様々な要素から成り立ちます。たとえば以下のような要素です。

・そもそも何を考えるべきかを正しく設定できる
・MECEを意識して全体を俯瞰的に捉えられる
・重要な点とそうでない点を峻別できる
・物事を適切に分解できる
・物事の関係性を正しく理解できる
・筋道が通っている
・言葉の定義が明確である
・数字を適切に用いている

　マトリクスを用いた整理や分析、コミュニケーションは、これらすべてを必要とします。それゆえ、マトリクスを用いることは、論理思考の訓練の機会ともなるのです。

　⑧の創造的思考は、特にオリジナルのマトリクスを考えることで鍛えられます。たとえばプロローグで部下をタイプ分けする軸の候補として以下のようなものが挙げられていました。

・業務の定型化度合い
・習熟度
・コミュニケーションの活発さ
・成績

　性別や国籍、年齢といった外形的な特性以外に、どのような候補が考えられるでしょうか？　読み進める前に最低6つ考えてみてください。

　たとえば以下のような候補がありそうです。

・周りへの配慮度合い

- 融通がきく度合い
- 対立を厭わない／対立回避的
- リスクテイクの度合い
- 感情的な度合い
- 自律的に動く度合い
- プライベート重視度合い
- ビジネス知識の豊富さ
- リーダーシップの強さ（経営学ではリーダーシップとは生得の資質ではなく、習得可能なスキルと考えます）

　軸の候補だけでももっとありますし、その組み合わせの数はさらに増えます。新たな軸を考案し、それを組み合わせ、その中から使えそうなものを選ぶことは容易ではありません。これを行うためには、創造的思考力を同時並行で高めることが必須なのです。

　ここまで説明してきた効用を再確認するため、3つの効用を示す、具体的なエピソードを見てみましょう。

■ エピソード1：自己の思考プロセスの観点

　消費財メーカーA社の商品企画部で、競合他社に打ち勝つための新商品のアイデア出しを行うことになりました。商材はボディソープです。A社は近年、競合他社と比較して売上が伸び悩んでおり、商品開発部の高橋課長としても今回の新商品をヒットさせ、売上拡大を図りたいと考えています。高橋課長は小出常務に、まずは自社の置かれた経営状況をよく分析してから考えてほしいと指示を受けました。

　高橋課長は早速、自社の置かれた経営状況を考え始めました。

「統計データを見ても自社は変わらずファミリー層からは一定の支持を受けているな。原料にも成分にも気を使っているから、肌を優しく洗えるという点で子どもを持つ親からも安心して使ってもらえているのだろう。ロングセラー商品があるということは自社の製品をリピートで買ってくれる人も多いだろうし、顧客にもある程度は周知されているからブランド力もそれなりにあると言える。でも夏限定で発売したUVケアをする商品の売れ行きは良くなかったな。最近競合のB社が発売した『Bフレッシュ』がよく売れていて押されているよな……」

　漠然と思いつくまま考えていましたが、結局自社は何が課題でどんな商品を作ればいいのだろう、と思考が停止してしまいます。

　そこで高橋課長は小出常務に相談をしてみました。
「自社の状況を思うように整理することができず、問題点も明確に示すことができないのですが、常務だったらどのように考えられますか？」
「有名なマトリクスを活用したらどうかな。たとえば『SWOT分析』という、経営環境を網羅的にリストアップできるものがあるから、まずはそれを使って考えてみたらどうだい。**物事を大きな抜け漏れなく整理することができる**よ」

囲み解説

　「SWOT分析」とは、縦軸に「内部要因／外部要因」、横軸に「ポジティブ（好ましいこと）／ネガティブ（好ましくないこと）」を設定しているマトリクスです。縦軸の内部要因と横軸のポジティブが交わる象限（セル）は「Strengths（強み）」、縦軸の内部要因と横軸のネガティブが交わる象限は「Weaknesses（弱み）」、縦軸の外部要因と横軸のポジティブが交わる象限は「Opportunities（機

会）」、縦軸の外部要因と横軸のネガティブが交わる象限は「Threats（脅威）」となります。そしてそれぞれの象限に要素が書き出され、プロットされていきます。自社の状況をStrengths／Weaknesses／Opportunities／Threatsの観点から整理していくことで、大きな抜け漏れなく考えることができます。

図表1-4　SWOT分析

	ポジティブ	ネガティブ
内部要因	Strengths 強み	Weaknesses 弱み
外部要因	Opportunities 機会	Threats 脅威

　高橋課長は早速、「SWOT分析」のマトリクスを使用して、自社の状況を整理してみました。

　「自社の強みは肌を優しく洗える原料や成分だな。リピート客も多いし、ブランド力もある。特にファミリー向けの商品は強い。弱みは若い女性の取り込みに苦戦している点かな。夏限定で発売した、若い女性向けのUV対応ボディソープの売れ行きは実際に良くなかったし。そう言えば、マーケティング部の優秀な女性社員が2人も転職して辞めてしまったな。その影響で女性向けの商品のリサーチ力やプロモーション力が落ちている可能性もありそうだ」

高橋課長はさらに考えを進めました。

「機会は、最近肌の保湿を気にする女性が増えていることかな。社内レポートにそのようなことが書いてあった。女性の美意識がさらに高まって、ボディソープにも新しい付加価値が求められていると言えそうだ。脅威は最近女性受けが良いカワイイボディソープを販売するメーカーにシェアを奪われていることだろうな。香りも多様になったし」

図表 1-5　自社商品の SWOT 分析

	ポジティブ	ネガティブ
内部要因	Strengths 強み ・肌に優しい原料や成分 ・ブランド力 ・ファミリー層での高いシェア	Weaknesses 弱み ・若い女性に訴求するマーケティングができていない
外部要因	Opportunities 機会 ・女性の美意識のさらなる向上	Threats 脅威 ・強いライバルの台頭

高橋課長はただ漠然と考えていた時との思考の違いを感じました。考えるポイントが明確であるため、自分の考えを整理しやすいのです。マトリクスを使用しなかった時は、機会と脅威の視点が完全に抜けていたことにも気がつきました。

高橋課長は小出常務にマトリクスを使用して考えた時の好感触を伝えました。小出常務はこうコメントしました。

「高橋課長、それがSWOT分析、さらにはマトリクスを使う効用だよ。

まず、**物事を大きな抜け漏れなく整理することができた**ね。SWOT分析に限らずいろいろなマトリクスで物事を整理したり分析したりすることで、**新たな気付きを得たり、意思決定に役立てることもできる**と思うよ。ぜひこれからも活用してみるといいよ」

エピソード2：相手とのコミュニケーションの観点

　同じくA社の商品企画部内でのミーティング中、競合他社に打ち勝つための新商品のアイデア出しをしています。カテゴリーは化粧品です。その場面で部下の福本さんが発言しました。

　「そもそも競合他社に打ち勝つために、どうして新商品の開発を優先的に考えるのでしょう。今売れている主力の化粧品があるのだから、新商品を開発しなくても今ある化粧品の売上を伸ばすことをもっと考えた方が、当社にとって効率が良いのではないかと思うのですが。サイズや形状などのバリエーションを増やすとかの方法論もあると思います」
　「ドラッグストアなどに行って新しい化粧品が発売されていたら、使ってみたいと思う人も一定数いるからね。顧客を増やすためには新しい商品を出すことも必要だと思うよ」
　「でも新商品を発売したからといって、売れるとは限らないじゃないですか。時間やコストもかかりますし、主力商品とカニバるリスクもあります。既存商品の販売個数を伸ばすことをもっと考えた方がいいのではないかと私は感じるのですが」

　高橋課長は今回の新商品の開発に消極的な福本さんに、どう伝えたらアイデア出しに高いモチベーションをもって参加し、チームに貢献してもらえるか考えました。しかし、良い案が浮かびません。

再び高橋課長は小出常務に相談することにしました。

　「私の部下に、新商品を開発することに消極的な者がいます。売上を伸ばすためには新商品の開発よりも主力商品の販売数を伸ばすことをもっと考えた方が効率が良いのではないかと、彼は考えているようです。それはそれで一理あるので、どのように伝えたら今回の任務に真剣に取り組んでもらえるか悩んでいます。常務だったらどのように声をかけますか？」

　「私だったら新商品の開発が自社にとって今重要かつ有効な施策であることを伝えるかな」

　「どうやってですか？」

　「先日の『SWOT分析』のマトリクスを覚えているかな？　マトリクス思考は自分の思考プロセスに使えるだけでなく、相手とのコミュニケーションにも活用できるんだよ。今回は『アンゾフの事業拡大マトリクス』を使って説明してみたらどうかな」

囲み解説

　「アンゾフの事業拡大マトリクス」は縦軸に「市場既存／市場新規」、横軸に「製品既存／製品新規」を設定しているマトリクスです。市場既存と製品既存が交わる象限は「市場浸透」、市場既存と製品新規が交わる象限は「新製品開発」、市場新規と製品既存が交わる象限は「新市場開拓」、市場新規と製品新規が交わる象限は「（狭義の）多角化」となります。このマトリクスを用いることで、自社が現時点でどの方向に事業拡大することが効果的かを検討・意思決定したり、**相手と意識（目標）合わせをしたりすることができます**。

図表1-6　アンゾフの事業拡大マトリクス

	製品既存	製品新規
市場既存	市場浸透	新製品開発
市場新規	新市場開拓	（狭義の）多角化

　高橋課長は早速「アンゾフの事業拡大マトリクス」を示しながら福本さんに伝えました。

　「自社は今売上が伸び悩んでいて、今回の新商品をヒットさせて売上拡大を図りたいと考えているという点は、前回のミーティングで話したよね。売上拡大のための方向性はいくつか考えられるけど、マーケティング部で議論した結果、今回は既存市場に新商品を導入することで売上拡大を図っていくのが最も成功確率が高そうだということで、そこに力を入れるという方針が決まったそうだ。このマトリクスで言うと右上の象限だね。福本さんが先日話していた主力商品の販売数の増加で売上を伸ばす戦略は、このマトリクスで言うと左上の市場浸透になる。ただ、われわれの会社の既存の化粧品の多くは成熟期に差しかかっていて、劇的な成長を果たすのは難しいというのがマーケティング部の判断だ。もちろん、シェアを落とさないような努力は必要だけれど」

　福本さんは図を見ながら何事かを考えています。

「新市場開拓や多角化という方向性もあるけれど、たとえば海外は世界的競合のC社やD社やE社が強いし、アジアの企業も最近非常に力をつけている上にコスト競争力が強い。化粧品は嗜好品という側面もあるから、現地のニーズを的確に捉えるのも大変だ。そう簡単には勝てない。右下の多角化も当然リスクが高く、成功が確約されたわけではない。そこで、勝手知ったる市場に、新しい付加価値や差別化要素を付けた新商品を導入しようというのが今回の方針だ。決して簡単ではないけれど、成功確率はそれなりにあるだろうし、成長ということを考えれば、自分も最も妥当な方向性だと思う。われわれの考えた新商品次第で売上拡大が図れるかどうかが決まるから、福本さんの仕事への期待は大きいよ。ぜひ一緒にヒットする商品を考えよう。よろしく頼むよ」

「課長の説明で今回の狙いがわかりました。単に効率ばかり考えていてはダメなんですね。気が引き締まりました。良いアイデアが出せるよう頑張ります」

　高橋課長は福本さんの表情と言葉からうまく伝えることができたと実感しました。そして福本さんの商品開発への意欲を向上させることに成功したと小出常務に報告しました。

「常務にヒントをいただいた通りに部下に伝えたところ、良い方向に進みました。チームで一致団結して新商品の開発に取り組めそうです。ありがとうございました」

「それはよかったね。マトリクス思考の効用として、**部下（相手）との意識（目標）合わせができる**ことを体感できたみたいだね。**相手に気付きを与えることができたり、相手の意思決定に貢献することができる**こともあるよ。私自身、そういう場面に直面した時は、マトリクスを使うことがしばしばある。高橋課長も様々な場面でマトリクス思考を活用してコミュニケーションにも活かしてみるといいだろう。あと、既存の

有名なものだけではなく、自分でオリジナルのものを作って活用することも検討したらさらにいいと思うよ」

エピソード３：副次的効用の観点

高橋課長は、小出常務からの「自分でオリジナルのマトリクスを作って活用してみるといい」とのアドバイスを受け、機会があればそれをしてみようと考えていました。

その機会は比較的早くやってきました。大学時代からの友人でＡ社の同期入社でもある須藤課長から、「体系的に経営学の知識を身につけたい。相談に乗ってほしい」と相談を受けたのです。須藤課長は幼稚園年中の子どもの母親でもあるため、単身で海外のビジネススクールに行くといった方法は少し難しいとのことです。

「これまでは必要に応じてオンデマンドでいろいろ勉強してきたけど、それだとちょっと不安なのよ。もっとしっかり体系的にビジネスの知識を学びたいんだけど、どうしたらいいかな」

「僕もそこまで体系的に経営学を学んだわけじゃないから的確なアドバイスは難しいけれど、相談に乗るのはやぶさかじゃないよ。自分もその必要性を強く感じているところだから。自分自身にとっても役に立ちそうだし」

「それはありがたいわ。まずどこから手を付けるといいのか困っているの。検索するといろいろな候補が出てくるんだけど、すべてを比較するのも難しいし、あまりに多種多様なものがあるから整理も難しいし」

「だったらマトリクスでまずは大きな方向性を考えてみたらどうかな」

「マトリクス？　あのマス目で分析する方法ね。SWOTとか昔使ったことがあるな」

「だったら話が早い。まずは大きなカテゴリーとして漏れが生じないように、シンプルなマトリクスを作ってみよう。須藤さんが経営学を勉強する上で一番重視するポイントを挙げるとするとどんなことになるかな？」

「うーん、やっぱり費用と効果かな」

「じゃあ横軸に費用、縦軸に効果をとってマトリクスを描いてみようか」

高橋課長は紙に次のようなマトリクスを描きました。

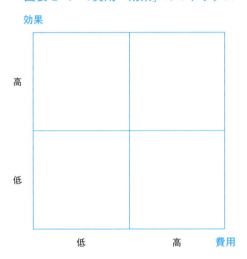

図表1-7 「費用×効果」のマトリクス

「縦軸の効果はともかく、横軸の費用ってどのくらいの金額を中心に置くといいのかな」

「それは須藤さんが適当に決めていいんじゃないかな。仮置きということで。高いと思い始める金額はいくらくらい？」

「そうね、50万円といったところかな」

「じゃあ、50万円を真ん中にしよう」

「右上に入るのは、やはり国内のビジネススクールに通うことかな。効果は高いだろうけど、数百万円はかかるし」

「費用が高くて効果が低いものは考える必要がないと思うから、それは除いて他の2つの象限も考えてみようか。安くてそこそこの効果というと何があるかな」

「やはり書籍とかかな。何十冊も読めばある程度の知識はつくと思うけど」

「安くて効果の高いものってあるのかな？」

「調べてみたら、最近は定額の動画サービスもあるみたいだから、評判のいいものを選べば効果は高いかも」

こうして2人はマトリクスを埋めていき、その結果出来上がったのが以下の図です。

図表1-8 「勉強の費用×効果」のマトリクス

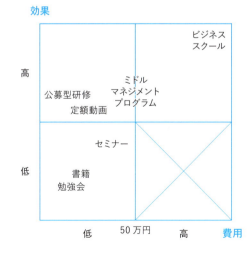

「これで大きな漏れはなさそうね。こうしてみると、うちの会社って人事部が公募型のビジネス研修をよくやっているから、参加しない手はないわね。オープン型のミドルマネジメントは自費で選んで参加するという前提だけど、そうなると公募型研修以外はだいたい費用と効果が比例関係なのか。うーん……」

「どれを選ぶかは須藤さん次第だけど、他に重視するポイントはある？」

「そうね。組織の壁がどんどん低くなる時代だから、人脈構築も同時にできると嬉しいかな。あとは、夫に協力してもらうとしても、小さい子どもの面倒をしばらくは見ないといけないから、時間の自由度がきくといいかな」

高橋課長は新しいマトリクスを描き、先の議論で出てきた学習方法をプロットしてみました。

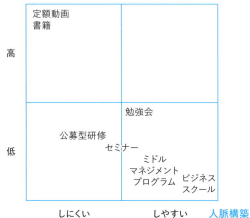

図表 1-9 「時間の自由度×人脈構築」のマトリクス 1

「ビジネススクールは学校によってはオンラインで受講できたり、クラス変更も容易だったりするところがあるから、そういうところがいいのかも。それだと位置はもっとこの図の上の方になるし。費用は将来への投資と割り切れば、出せない額じゃない。ただ、最初からビジネススクールは敷居が高いな」

「だったら、まずはその雰囲気がわかるようなプログラムを受けるといいかもね。最近は体験クラスとか、動画やAIを使ったミニ講座なんかもあるらしいから」

「そういえばそんなプログラムもネットで見かけたかな」

「このマトリクスはこんな風になるかもね」

高橋課長は少し加筆しました。

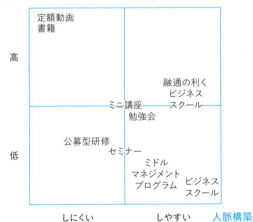

図表1-10 「時間の自由度×人脈構築」のマトリクス2

「だったら、ビジネススクールが書いたり作ったりしている書籍や動画で感触を得てから、ミニ講座を受けてみて様子を見るのはどうかな」

「なるほど。こうして議論しているといろんなアイデアが出てくるわね。今日はありがとう。自分でもう少し考えてみる。夫とも相談しなくちゃいけないし」

そして後日。高橋課長は須藤課長から、「将来的には自由度の高いビジネススクールに通学することを念頭に、半年くらいは社内の公募型研修に積極的に参加するとともに、定額動画やミニ講座でまずは経営学の感覚をつかむことにした」との連絡を受けました。

須藤課長はその頃こう考えていました。

「マトリクスで考えるって確かに効果的ね。思考が可視化されていろいろな示唆が得られる。オリジナルの軸を選んで考えるというのは、今回のケースだけではなく、今後の仕事でも活用できそうだからどんどん使っていこう。ロジカルに理詰めで考える必要性がある一方で、クリエイティブに考えることも必要。意思決定やコミュニケーションに役に立つのももちろんだけど、**論理的思考や創造的思考が鍛えられる**感じがすごくいいね」

2 マトリクスのタイプ

　ここまでは比較的シンプルなマトリクスを紹介してきました。ただ、マトリクスには様々な派生型があります。本書では、その代表的な5つの種類について説明します。

　5種類のタイプとは、①**ポジショニング型**、②**セル型（分類型）**、③**セル型（方向性型）**、④**メカニズム型**、⑤**センターボックス型**です。この5つ以外にもマトリクスのタイプはありますが、まずは基本的なところから確認し、その上で他の型についても学習するといいでしょう。なお、この5つのタイプはクリアに分かれるものではなく、複数の要素を持つケースもあることを念頭に置いてください。事実、第3章でご紹介する新規マトリクスの中にも複数の要素を併せ持つものは少なからず存在しています。

①ポジショニング型

　ポジショニング型は、2本の軸を引き、散布図のようにプロットしていく型です。プロットした各々の相対的な位置や分布などは様々な情報を含むことになります。マーケティングなどでよく利用されており、最も一般的なマトリクスの型の1つです。図表1–11はあるレストランのポジショニングマップ例です（ポジショニングマップとは、競合よりも自社が優っていると顧客に認知してもらうために用いるマップのこと）。自社はオシャレでしかも健康的なメニューを訴求しており、近隣のライバルに比べて良い位置にあることがわかります。

図表1-11　レストランのポジショニングマップ例

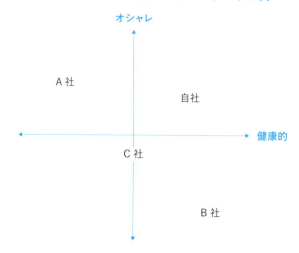

　その他の有名なポジショニング型のマトリクスとしては、事業ポートフォリオのバランスを見る、ボストン コンサルティング グループが開発した「PPM（プロダクト・ポートフォリオ・マネジメント）」があります。縦軸に「市場成長率が高い／低い」、横軸に「相対マーケットシェア（トップ企業のシェアに対する比率。トップ企業の場合は2位の企業に対する比率）が高い／低い」の軸をとります。縦軸の中心の値は10％（もしくはGDP成長率などを置くこともあります）、横軸の中心の値は1.0として作図します。横軸は、左にいくほど高くなるという、通常とは逆の向きになっています。

　各象限には、以下のような特徴的な名称がつけられています。なお、PPMは各事業の相対位置も重要ですが、最終的にはどの象限に含まれるかを重視するため、次の項で紹介するセル型（分類型）の要素も入っています。

「市場成長率が高い」×「相対マーケットシェアが高い」＝花形事業
「市場成長率が高い」×「相対マーケットシェアが低い」＝問題児
「市場成長率が低い」×「相対マーケットシェアが高い」＝金のなる木
「市場成長率が低い」×「相対マーケットシェアが低い」＝負け犬

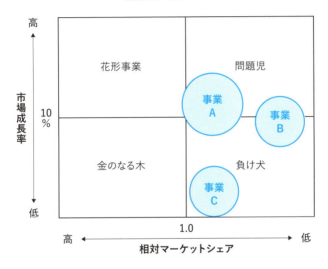

図表1-12　PPM

　このマトリクスを用いることで、複数の事業を持つ多角化企業において、資金を生み出す事業と、資金を投資しなければならない事業を視覚的に区別することができます。PPMでは、「金のなる木」から得られたキャッシュを「問題児」に投下し、相対市場シェアを上げて「花形」に近づけるというのがセオリーです。「花形」はいずれ成長期の後期になると「金のなる木」となり、他事業にキャッシュを供給する立場となります。「負け犬」事業は撤退も視野に是々非々で対策を考えます。

　なお、PPMは円の大きさで売上高を示します。それゆえ、実は単に2次元の位置情報を示すだけではなく、もう1つの情報を盛り込んだ実質

3次元のマトリクスとなっています。実務的に3次元のマトリクスを描くのは作図も手間がかかりますし、コミュニケーション面でもわかりづらいですが、こうした工夫により、プロットされた位置以外の情報を盛り込むことも可能なのです。

　繰り返しになりますが、ポジショニング型のマトリクスでは、各要素の相対的な位置関係が重要です。PPMや企業ごとの「利益率」×「在庫回転率」の軸のマトリクスのように、定量的にプロットできるケースもあれば、先述したマーケティングのポジショニングマップの「オシャレさ」×「健康的イメージの高さ」（レストランのケース）、あるいは「商品ラインナップの豊富さ」×「操作性の良さ」（ネットの金融サービス）のマトリクスや、リーダーの能力を見るPM理論（「目標達成のためのP機能」×「集団維持のためのM機能」の2つの軸でプロットする分析方法）のマトリクスのように感覚的にプロットする場合もあります。さらに、「利益率」×「営業力」のように定量軸と定性軸を組み合わせた折衷型のマトリクスもあります。

　定量的な軸の場合、当然、正しい数値を捕捉することが重要になります。定性的な軸を選んだ場合は、プロットの位置が本当にそれでいいのかを自問したり、複数の人間で議論してより妥当性が高い位置を決めたりすることが大切となります。

②セル型（分類型）

セル型（分類型）は、2軸の組み合わせでセル（象限）が形成されています。相対的な位置関係よりも、各要素がそもそもどのセルに入るかということを重視します。抜け漏れのない整理・分析ができますし、新しい発見ができることもあります。選んだ2軸が「程度」や「数値の大

小」で表せるものではなく、「ある／ない」「内部／外部」、あるいは「自分／相手」のように明確に切り分けることができる場合、ポジショニング型よりもセル型の方がフィットしやすくなります。

　セル型（分類型）タイプの代表的なマトリクスとしては、すでに紹介した「SWOT分析」のマトリクスや、「ジョハリの窓」が該当します。ジョハリの窓では、縦軸に「他人が知っている／他人が知らない」、横軸に「自分が知っている／自分が知らない」を置きます。各象限には以下のような名前がついています。

「他人が知っている」×「自分が知っている」＝開放の窓
「他人が知っている」×「自分が知らない」＝盲点の窓
「他人が知らない」×「自分が知っている」＝秘密の窓
「他人が知らない」×「自分が知らない」＝未知の窓

図表 1-13　ジョハリの窓

	自分が知っている	自分が知らない
他人が知っている	開放の窓	盲点の窓
他人が知らない	秘密の窓	未知の窓

　ジョハリの窓は、最もオーソドックスなやり方では、複数人が集ま

り、以下の19項目について、自己評価と他者評価をし、それぞれプロットしてその差異を見ていきます。

（1）頭が良い、（2）発想力がある、（3）段取り力がある、（4）向上心がある、（5）行動力がある、（6）表現が豊か、（7）話し上手、（8）聞き上手、（9）親切、（10）リーダー資質がある、（11）空気が読める、（12）情報通、（13）根性がある、（14）責任感がある、（15）プライドが高い、（16）自信家、（17）頑固、（18）真面目、（19）慎重

必要に応じて適宜新しい項目を追加して構いません。たとえば「新しいテクノロジーをすぐに取り入れる」や「社会的課題に対する意識が強い」などです。記述式で行うこともあります。

ジョハリの窓では、「秘密の窓」に入る要素が多いということは他者に自己開示ができていないことを示唆するため、ここに入る要素は少ない方がいいとされます。「盲点の窓」に入る要素が多いということは自分を客観的に見ることができていないということなので、自分を見つめ直す力を高めることが求められます。「未知の窓」に入る要素に気付くのは難しいですが、何かのきっかけでそれに気付くことができれば、新たな自己成長の可能性やキャリアアップの可能性を高めることにもつながります。なお、ジョハリの窓は、信頼感やチームの結束力を高めることにも寄与するとされています。

このタイプの他の著名マトリクスとしては、事業のタイプを見るアドバンテージ・マトリクスなどがあります。アドバンテージ・マトリクスは、縦軸に「競争上の戦略変数の数」、横軸に「競争優位性構築の可能性」をとります。両軸とも程度を示すものであり、ジョハリの窓の軸のようにクリアに切り分けられるタイプのものではありません。ただ、慣

れれば感覚はつかめるため、セル型（分類型）のタイプのマトリクスに
含めていいでしょう。

　なお、セル型のマトリクスのほとんどは2×2の4象限で構成されるこ
とが多いですが、それはわかりやすさを重視したためであってマストで
はありません。それぞれの軸について3つに区分けをし、3×3の9象限
のマトリクスを作ることもあります。たとえば事業ポートフォリオ分析
のGEのビジネススクリーンというマトリクスは、縦軸に市場の魅力度、
横軸に自社の競争力を置き、それぞれについて高・中・低の3つに分け
ます。

③セル型（方向性型）

　**セル型（方向性型）は、2軸の組み合わせによってセルが形成されて
いるだけでなく、セルごとに打ち手の案や考え方が付与されているた
め、次のアクションのヒントを得やすくなることを意図するものです。**

　たとえばこのタイプの代表的なマトリクスに山田英夫教授が提唱した
「逆転の競争戦略」があります。縦軸に「競争優位の源泉を攻める／新
たな競争要因を追加する」、横軸に「市場資産を攻める／企業資産を攻
める」の軸を置きます。そしてそれぞれの象限に入るような戦略を構築
できないかを考えるのです。やや高度なマトリクスですが、強力な上位
企業がいる業界において、ニッチ企業やベンチャー企業が戦略を構築す
る際に有効とされます。

「競争優位の源泉を攻める」×「市場資産を攻める」
＝市場資産の負債化
「競争優位の源泉を攻める」×「企業資産を攻める」

＝企業資産の負債化
　「新たな競争要因を追加する」×「市場資産を攻める」
＝論理の自縛化
　「新たな競争要因を追加する」×「企業資産を攻める」
＝事業の共喰化

図表 1-14　逆転の競争戦略

　たとえばネット生命保険のライフネット生命保険は、既存の大手生命保険会社が大量のセールスパーソンを抱えている点に注目し、それを無力化すべくセールスパーソンなしで、低額の生命保険を販売しました。右上の「企業資産の負債化」を意図した戦略です。大手の生命保険は、自社の強みでもあるセールスパーソン抜きのビジネスを展開するのは社内カニバリの観点などから難しいため、わかっていても対策が打ちにくいのです。

　SWOT分析で得られた要素のうち重要なものを抜き出して、「強み×

機会（SO戦略）」「強み×脅威（ST戦略）」「弱み×機会（WO戦略）」「弱み×脅威（WT戦略）」の4つの象限を作り、戦略構築のヒントにするクロスSWOTもセル型（方向性型）に該当します。

図表1-15　クロスSWOT

	強み	弱み
機会	積極的チャレンジ	弱みを克服し段階的にチャレンジ
脅威	強みを活かして脅威を最小化	脅威の影響を避ける手段を講じる。状況によっては撤退

　このタイプのマトリクスの難しさは、ヒントは得られるものの、どのセルの施策を選ぶべきかが自動的には決まらない点です。企業の経営資源には限りがあるので、すべての打ち手を同時に行うことは通常はできません。それゆえ、まずは案を出した上でどれを取捨選択するかを別途決める必要があります。

　ただ、自分が思いつかなかった方向性を示唆してくれるという意味では有用なマトリクスです。たとえばクロスSWOTでは、「強み×機会（SO戦略）」には目が行きがちですしアイデアもすぐに出てきますが、「弱み×脅威（WT戦略）」にはよほどの危機感がない限り、なかなか目が行かず、アイデアも出ないものです。しかし、実は後者の方が企業の現状を考慮した際に有効ということはよくあります。そうした見落とし

を避けられる点も魅力です。

④メカニズム型

　メカニズム型は、象限（セル）間の状態遷移をマトリクスで表したもので、ある状態から次の状態に移行する際の「壁」とその乗り越え方のヒントが示されています。 各セルは状態を表しており、矢印によって次の状態へと移行する様子が表されています。分析対象の要素が流動的であったり、「こうなってほしい」という像に向かうプロセスを考えたりする際に効果的なマトリクスです。

　代表的なマトリクスとしては、「業務遂行の発展マトリクス」が該当します。「意識している／していない」、「できる／できない」の2軸で整理をします。マネジャーが部下育成の方法を検討する際などに役に立ちます。たとえばある業務について左上の「できない」の象限に該当する部下が多数いたら、彼らを右上の「できる」状態に導く指導が大切ということがわかります。最終的には、皆が意識せずともそれを当たり前にやる右下の象限「している」の状況にもっていくことが理想です。

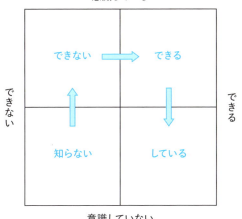

図表 1-16　業務遂行の発展マトリクス

　先に説明したジョハリの窓を、メカニズム型のマトリクスとして援用することもできます。たとえば未知の窓に入る要素がいきなり開放の窓に入ることはありません。「未知の窓」→「秘密の窓」→「開放の窓」のように遷移するか、「未知の窓」→「盲点の窓」→「開放の窓」のように遷移するのが一般的でしょう。前者は自己認識の力を高めることで実現されますし、後者は他者とのコミュニケーションを増やしたり、フィードバックをしてもらうように促したりすることによって実現されます。

⑤センターボックス型

　センターボックス型は、通常の4象限に加えて、中間的な状態を示すボックスが中央に配置されています。マトリクスは往々にして極端な要素に目が行きがちですが、あえて中間的な要素（往々にして多くの要素がここにプロットされます）に名前を与えることで、より丁寧に施策な

どを検討しようとするものです。

　例として、ロバート・ケリー教授が提唱したフォロワーシップのマトリクスがあります。これは、リーダーが部下を率いる際に、個々人に対するアプローチを検討するものです。縦軸に「独自のクリティカル・シンキングができる／依存的・無批判」、横軸に「消極的関与／積極的関与」を置きます。それぞれを掛け算した4象限に加え、中央に「実務的フォロワー」というセルを置いています。多くの人が該当するであろう実務的フォロワーをいかに右上の模範的フォロワーへと引き上げるかがリーダーの腕の見せ所となります。あるいは消極的フォロワーが多いのであれば、まずはこの実務的フォロワーレベルに引き上げることが課題となるでしょう。

図表 1-17　フォロワーシップのマトリクス

独自のクリティカル・シンキング

孤立的 フォロワー	模範的 フォロワー
消極的関与　実務的 フォロワー　積極的関与	
消極的 フォロワー	順応的 フォロワー

依存的・無批判

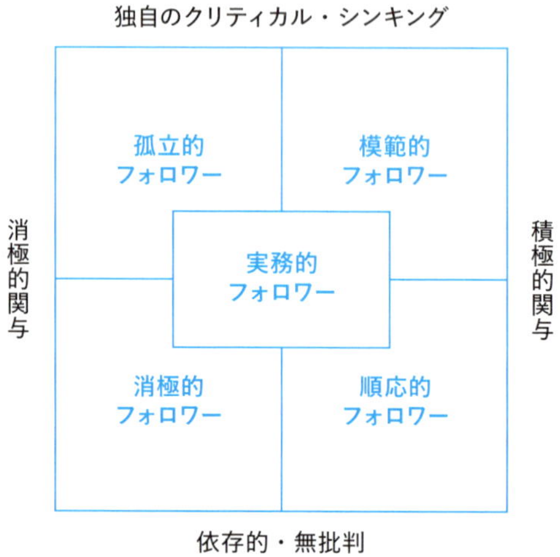

　ケン・トーマス教授とラルフ・キルマン教授が提唱した「コンクリフトマネジメントのスタイル」マトリクスというものもあります。コンフ

リクトとは軋轢のことで、それをどう解消するかの方針を検討するものです。縦軸に「主張する／主張しない」、横軸に「非協力的／協力的」を置いています。そしてその組み合わせから得られる4象限に加え、中心に妥協を置いています。妥協という言葉はあまり語感の良いものではありませんが、相手の状況次第で協働や適応が難しい時には、妥協を目指すのも1つの方法と考えるわけです。少なくとも左下の逃避にいきなり行くのではなく、妥協の線が見出せないかを考えるだけでも有効です。

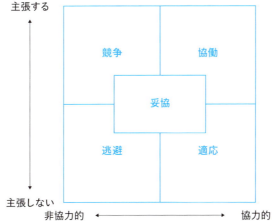

図表1-18　コンフリクトマネジメントのスタイル

　センターボックス型はこれらの事例からも推察されるように、ポジショニング型にもセル型（分類型）にもセル型（方向性型）にもなります。形の特殊さに意味があるマトリクスです。

　ここまでに典型的な5つのタイプをご紹介しました。自分はどんな課題を解決したいのか考えた上で、適切なマトリクスのタイプを選択しましょう。

コラム

　本書では詳細は述べませんが、経営学の世界でよく知られたその他のマトリクスに以下のようなものがあります。関心がある方はぜひ調べてみてください。

- ・3つの基本戦略
- ・戦略グループ
- ・魅力度／優位性構築可能性マトリクス
- ・IRフレームワーク
- ・両利きの経営
- ・シナリオ・プランニング（軸は任意）
- ・CE／CS分析
- ・SL理論
- ・PM理論
- ・インクルージョンのマトリクス
- ・SECIモデル

第2章

新規マトリクスを考案し、
使ってみるプロセス

ビジネスパーソンが対峙する課題（問題）は多岐にわたります。それゆえ、過去の著名なマトリクスは有効ではあるものの、それだけに頼っていては対処できる課題も限られてくるのが現実です。また、時代の変化も早くなってきており、新しい課題が次々と顕在化するようになっています。

　そこで、本書では自身が抱える課題に対して新しくオリジナルのマトリクスを作成し使いこなせるようになることを強く推奨します。新たに出現した課題に対して、自ら適切なマトリクスを考案することでその壁を乗り越えられる可能性が増すのです。また第1章でも触れたように、周りにも良い影響をもたらすことができますし、自身の論理的思考力や創造的思考力を高めることにもつながります。

　本書では第3章で、われわれが考えたオリジナルの新規マトリクスを紹介します。しかしながら、実は今回紹介するマトリクス以外にもたくさんの失敗作も生み出してしまいました。作ってみたものの、ただ現象をまとめているにすぎないマトリクスや、それなりに2軸で表現ができたものの結局何が言えるのかが不明確なマトリクスなどが数多く出来上がってしまいました。そうした試行錯誤の経験を経て新しいマトリクスを考案してきたのです。

　一方で、多くのマトリクスの考案・使用経験を通して、新しいマトリクスを生み出す際に意識すべきポイントが見えてきました。また新しいマトリクスを考案する際の考え方のプロセスを導くこともできました。

　本章では、新規マトリクスについて、その考案・使用から評価のプロセスをコツを交えてご紹介いたします。
　新規マトリクスを考案・使用するプロセスは大きく5段階に分けられ

ます。これらを順次見ていきましょう。なお、②と③は同時並行的に行ったり、順序が逆転したりするケースもあるという点には留意してください。④と⑤の「実際に使用」も同様です。意味のあるマトリクスなのかを実際のプロット結果で判断するわけです。ここからもわかるように、結局このプロセスは一方通行ではなく、行きつ戻りつしながらより良いものを考案し、選び取っていくプロセスなのです。

①課題設定：イシュー（課題・問題・論点）を正しく捉える
②適切な型を選ぶ
③軸の候補を選ぶ
④マトリクスを作る：2軸の組み合わせ、中心値の設定、セルの名付け
⑤実際に使用して有用性や普遍性を評価する

1 課題設定：イシュー（課題・問題・論点）を正しく捉える

　新しいマトリクスを考案する際に、一番はじめに行うことが課題設定です。最も重要なプロセスと言っても過言ではありません。表現を変えれば、答えるべき問いを明確にするのです。

　過去にわれわれが考案してきた新規マトリクスでも、このプロセスを飛ばして、何となく2軸を設定してマトリクスを作成したことがありました。そうやって出来上がったマトリクスの多くは、要素をマッピングするだけのマトリクスとなってしまい、結局何が言いたいのかわからない、示唆が何もないマトリクスとなってしまいました。たとえば以下のようなものです。

図表 2-1　ダメなマトリクス例

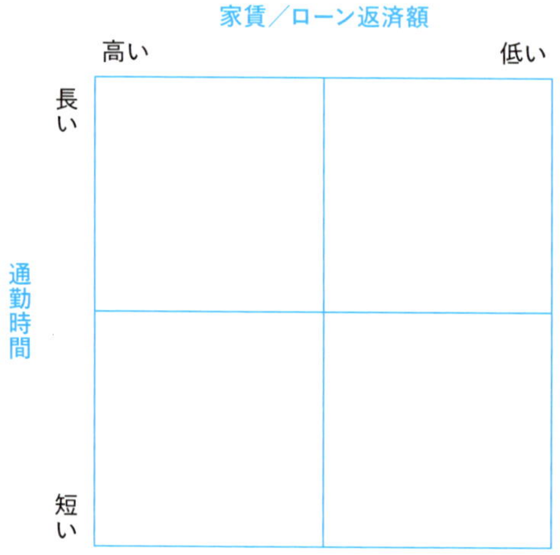

家賃／ローン返済額

高い　　　　　　　　　　　　　低い

長い

通勤時間

短い

ある会社の人事部が、このマトリクスを用いて社員個々人をプロット
したとしても、あまり良い示唆は得られないでしょう。「家賃／ローン
返済額の高い人は通勤時間が短い」という傾向を発見できる可能性はあ
りますが、それが会社にとって役に立つ情報なのか、あるいは有効な人
事施策に活かせるかというと疑問です。

　もし人事部で「残業時間を適正な範囲に抑えたい」という課題があり、
その上で「残業時間と、上司との関係性には何らかの相関があるのでは
ないか」という仮説があるのであれば、縦軸に残業時間、横軸に上司と
の関係の良好さをプロットしてみるといいかもしれません（後者につい
ては、どう測定するかという難しさはありますが）。

　前章でも述べたように、マトリクスにはいろいろな効能があります。
**対峙する課題に対して、どのような示唆を期待するのか、マトリクスに
どのような効用を期待するのかを想定しながらマトリクスを考案するこ
とが基本**です。そのためにも今答えるべき問いは何なのかをまずは意識
しましょう。

　その際には、自分の力が及ぶ範囲で、すなわち自分1人で対応できる、
あるいは呼びかけて同志を集めることで対応できる範囲で現実的なイ
シューを設定することも意識しておきたいポイントです。たとえば地政
学的なリスクに悩む企業の購買担当課長がいたとして、「戦争や国際紛
争をなくすにはどうしたらいいか」とイシューを設定するのはやはり大
きすぎですし、実務上の示唆も出てこないでしょう。

　このケースであれば、「購買先のポートフォリオを適正化することで
地政学上のリスクを許容範囲に抑えることはできるか」などとイシュー
を設定する方が現実的です。その上で「トラブルが起きた時のインパク

トの大きさ」と「発生確率」を2軸にとり、国や地域をプロットしていけば実際に役に立つ示唆が得られる可能性が高そうです。

　大きな要素を段階的にMECEに切り分けて小さな要素に分解していくロジックツリーの発想を用いて、大きなイシューをブレークダウンし、解決可能な小さなイシューとすることも有効です。たとえば自分が若手社員だとして「会社の認知度を上げる」とイシュー設定してもあまり効果的ではありません。仮に採用を意識して知名度を上げたいのであれば、「自分の出身大学において知名度を上げる良い方法はないか」「自分の出身県において知名度を上げる良い方法はないか」などと対象範囲を細かくブレークダウンしてイシュー設定する方が効果的でしょう。

　なお、本書の本質的な要素ではないのですが、課題解決（問題解決）には大きく2つのものがあることも意識しましょう。2つとは、**顕在型**と**潜在型**です。

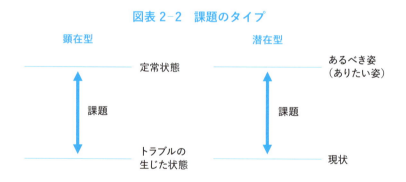

図表 2-2　課題のタイプ

　顕在型では、定常状態から好ましくない状態になった時にそれを元に戻そうとするものです。壊れた機械を修理するなどはわかりやすい例です。それに対して潜在型はあるべき姿（ありたい姿）をイメージし、現

状とのギャップを埋めることを課題と考えます。たとえば部下があるIT
ツールを使いこなせないとします。このケースでは、「部下がITツール
を使えるようにする」をあるべき姿と考えることもできますし、「部署全
体が、彼／彼女がITツールを使いこなせなくても業務に支障が出ない状
況にする」をあるべき姿と考えることもできます。どちらが正しいとい
うわけではありません。視野を広げてより全体にとって好ましいあるべ
き姿を描くことも大切です。

> **Tips**
>
> ・課題（イシュー）を明確化しないまま考えたマトリクスはたい
> てい使えないものとなります。
> ・イシューはあまり大きく設定すると有効な示唆やアクションに
> つながりません。自分が影響を持てる範囲で対応できる程度の
> 大きさにイシューを設定する工夫が求められます。
> ・イシューは自動的に決まるものではありません。あるべき姿
> （ありたい姿）の設定次第で大きく変わる可能性がある点にも
> 意識を向けましょう。

2 適切な型を選ぶ

　イシューが決まったら、次にマトリクスの型を選択します（先述したように「軸の候補を選ぶ」のプロセスと順序が入れ替わったり重なったりすることもあります）。前章でも紹介したようにマトリクスには大きく以下の5つの型が存在します。

　①ポジショニング型
　②セル型（分類型）
　③セル型（方向性型）
　④メカニズム型
　⑤センターボックス型

　マトリクスの型にはそれぞれ特徴があるため、設定した課題に対してどのマトリクスが適切かを検討して選択することになります。実務的には概ね85％くらいのシチュエーションでは①の「ポジショニング型」か②の「セル型（分類型）」、③の「セル型（方向性型）」で間に合うことが多いですが、その他の2つも状況によって使うと効果的なことがあります。
　「ポジショニング型」と「セル型（分類型）」の2つについては、先述したように、個々の要素の具体的な位置関係が重要な場合にはポジショニング型、2軸とも「YES／NO」のようにクリアに分けることができ、プロット結果も大枠で分類できればいい時にはセル型（分類型）が基本と覚えておけばいいでしょう。ただ、実際には2つのタイプのエッセンスを含むケースも少なくありません。
　⑤の「センターボックス型」は、中心付近に多くの要素がプロットさ

れそうだと予想された時などに用いると効果的です。

④の「メカニズム型」は応用編の色合いが強く、少しクリエイティブな発想が必要になります。状態の遷移などが重要なケースではこの「メカニズム型」が使えないか検討してみるといいでしょう。

Tips

・設定した課題に対してどのような示唆が欲しいのかを考えることで、適切なマトリクスの型を選択することができます。
・ポジショニング型とセル型が基本なので、まずはここから考えてみるといいでしょう。
・慣れるまでは前章のマトリクスの型分類を読み返してもらい、それぞれの型の特徴を確認してください。

3 軸の候補を選ぶ

　次のプロセスは、軸の候補を検討することです。これは一般常識やすでに持っているビジネス知識などを総動員し、「この軸とこの軸を組み合わせたら面白い示唆が出るのではないか」などと仮説を持ちながら考えると効果的です。ここでは基本となるポジショニング型とセル型をイメージしながら議論します。

　たとえば先述した「従業員の残業時間を適正な範囲に抑えたい」という課題に対して、まず実態把握したいと考えます。縦軸を実際の残業時間と置くとしたら、横軸に何をとると面白い示唆が得られそうでしょうか。

　おそらく以下のような軸が考えられるでしょう。

・職責
・リモートワークの活用度合い
・タイムマネジメント能力
・緊急度の高い業務の比率
・全般的なスキルのレベル
・健康状態
・総年収など

　仮に実際にプロットした結果、タイムマネジメント能力と残業時間に強い相関が発見されたなら、今度はタイムマネジメント能力向上のための施策を検討するのに適切なマトリクスの軸を考えます。たとえば以下

のようなものです。

・効果
・費用
・OJT／Off-JT
・即効性

　こうしたキーワード出しは、1人で行ってもよいですが、複数人で行うと自分では思いもつかない観点からの軸を得られる可能性が高まります。また最近は生成AIが劇的に進化しているので、それをブレスト相手にするのも有効です。

　大きな要素をMECE的にブレークダウンするのも軸の候補を出す上で効果的です。たとえばある喫茶店の売上を上げるにはどうすればいいかを考えてみましょう。売上を分解すると、客数と客単価に分解できます。また、客数を分解してみると、新規客かリピート客かで分けることもできます。さらに、性別や年代で区切ることもできます。客単価は、平均価格と平均購入アイテム数とに分けることができます。

　分析の結果、リピート客の客単価を上げることが重要だとわかったとしましょう。その上で対策を考えるのなら、たとえば縦軸に「男性／女性」、横軸に「平均価格向上／平均購入アイテム数向上」と置いてみます。そうすると4象限に分けることができ、それぞれの象限について具体的な施策案を考えやすくなってきます。

　軸の候補を考える際には、いくつかの注意点があります。典型的なものを挙げましょう。

まず、**軸の左右または上下で反対の意味を表すものとなっているか**（そのようにできるか）注意しましょう。特に定量化が難しい軸においては、これは重要です（定量化できる軸では大小は自明です）。たとえばアイゼンハワーマトリクスの緊急度や重要度のように「高い／低い」などはわかりやすく反対の意味になっています。アルコールの「甘口／辛口」も反対の意味と見なしていいでしょう。

　では人材の「理系／文系」はどうでしょうか。これは多少意見が分かれるかもしれません。理系的センスが高く、かつ文系的センスが高い人もいるからです。たとえばアップルのティム・クックCEOや、マイクロソフトのサティア・ナデラCEOは、理系のバックグラウンドを持ち、かつMBAを取得し、経営者として活躍しています。まさに両方のセンスが非常に高いわけです。であれば、このケースは2つの軸に分けて「理系的センスが高い／低い」「文系的センスが高い／低い」と考える方がいいかもしれません。

　「情緒的／機能的」なども、そのまま使えることもあれば、状況によっては2軸に分ける方がいいケースがあるでしょう。目的にもよりますが、本来1つの軸で表しにくいものを無理に詰め込んでいないかという点は注意が必要です。

　軸の意味の明確さにも注意が必要です。これは目的に応じて、明確さにこだわるケースもあれば、あえて曖昧にするケースもあります。精緻な分析をしたいと考えるケースでは明確さにこだわることが多いです。「従業員の有休取得率」や「営業利益率」などは人による解釈のブレがない明確な軸と言えるでしょう。

　では「事業の魅力度」はどうでしょうか。これは人によって解釈は異なるでしょう。魅力度には、市場規模や成長見込み、競争の激しさ、波

及効果、規制の弱さなど様々な要素があるからです。それでもあえてこうした軸を置くことがあります。その典型的な狙いは、議論を促し、共通理解を形成するというものです。

たとえば45ページで触れたGEのビジネススクリーンでは縦軸にこの「市場の魅力度」をとります。その上で、「では何をもって事業を魅力的と見なすか」といったことを皆で議論するのです。ある人はグローバルな拡張の余地を最重要視するかもしれませんし、またある人は収益性を最重要視するかもしれません。そこに議論が生じるわけです。GEのビジネススクリーンが意思決定向きのマトリクスではなく、議論誘発、合意形成向きのマトリクスと言われるゆえんです。

軸自体の意味合いは明確でも、それが実務的に測定できるかという点にも注意が必要です。たとえば「潜在能力の高さ」は、意味合いはわかりますが、「潜在」ですから測定は非常に難しくなります。「潜在能力は『能力』のうちに入らない」と言う人もいます。「今後3年間の予測成長率」も同様です。意味合いは明確ですが、「未来の事実」はありませんから、測定はできません。たとえばPPMでは、縦軸の市場成長率は本来は未来の成長率の方がより妥当なのですが、測定できないということで、実務上は過去3年間の成長率などで代用します。特に要素同士の位置関係が重要なポジショニング型のマトリクスではこの点は意識しましょう。

Tips

・仮説を持ちながら、問いに答えられそうな軸の候補を選んでいきます。
・大きな要素をブレークダウンして軸を出す方法も有効です。
・いくつかの留意点には気をつけましょう。

4　マトリクスを作る：2軸の組み合わせ、中心値の設定、セルの名付け

いよいよマトリクスを作ってみましょう。ここでは実際に手を動かしてみるのが一番効果的です。

軸候補の中から、実務的に示唆が得られそうかをイメージしつつ、組み合わせを行います。同じレベル感の意味合いを持つ軸を組み合わせることももちろん有効です。たとえば以下のような例です。

「やる気」×「スキル」
「IQ（知能指数）」×「EQ（こころの知能指数）」
「仕事の速さ」×「正確さ」

一方で、少し異質な軸の組み合わせから思いもよらない示唆が得られる場合もあります。たとえば新製品について検討する際に、「ターゲット顧客への訴求力」と「社内のノウハウ蓄積への貢献」を組み合わせる、あるいは趣味を検討する際に「健康への影響」と「子どもとのコミュニケーションツールになる」を組み合わせるなどです。

片方の軸だけ変えてみたりするなど、試行錯誤を繰り返すことによって完成度が高まっていきます。最初からベストのものを作り出そうとするのではなく、最初は質より量を優先して実験的に作成してみましょう。「量は質に転化する」という言い方もあります。

縦軸と横軸を置いたら次は4象限それぞれの示唆を具体的に考えてみましょう。特にセル型（方向性型）のマトリクスではこの点が重要です。

それぞれの象限別の意味合いに加え、象限間の関係性や全体間にも目配りするといいでしょう。たとえば以下の友人との関係維持のマトリクス案では、図に示したような示唆が出せそうです（友人をこのような視点で見ていいのかという議論はいったん措いておきます）。

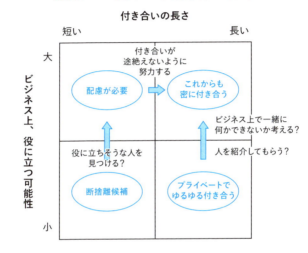

図表2-3　友人との関係維持の方向性

次に、象限の境目となる、各軸の真ん中に来る中心値（中間値）の設定について考えてみましょう。これは定量的な軸をベースとしたマトリクスでは必須の作業です。なお、定量化のメリットは、数値化することでマトリクスに正確にプロットすることができるため、分析に向いている点や、解釈にブレが生じにくい点などです。

中心値がなぜ重要かというと、それをどう置くかによって実際にプロットした時にどの象限に入るかが変わるからです。たとえば製品開発の優先順位付けをすべく、以下のような趣旨のマトリクスをイメージしたとします。

図表 2-4　定量化マトリクス例1

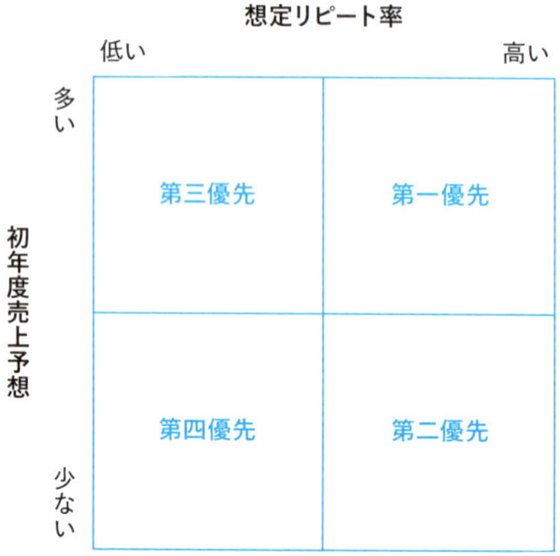

想定リピート率

	低い	高い
多い	第三優先	第一優先
少ない	第四優先	第二優先

（縦軸：初年度売上予想）

　さて、右ページの2つの図を比較してみましょう。最初の図では、縦軸の中心値を4億円、横軸の中心値を50％と置いています。後者は、それぞれ6億円、60％となっています。A案からE案の初年度売上予想と想定リピート率は当然同じです。

　この対比からもわかる通り、横軸と縦軸の中心値の数字を変えると、各案の数値や相対的な位置関係そのものは同じであるにもかかわらず、入る象限、見え方が違ってくることがわかるでしょう。前者のマトリクスではA案とC案→D案→E案→B案という優先順位だったのが、後者では、D案→A案とE案→C案とB案というように、その優先順位まで変わってしまうのです。

図表 2-5　定量化マトリクス例 2

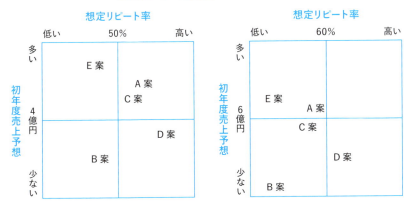

　中心値をどこに置くかという問題は既存の著名マトリクスでも生じます。たとえばPPMを用いると、自社の事業のほとんどがシェアトップでもなく成長率も低いため、負け犬の象限に入ってしまい、気が滅入るということがしばしば生じます。そこで、縦軸（成長率）の中心値を10％から3％程度に下げたり、横軸（相対シェア）の中心値を1.0ではなく、0.5（つまり、トップ企業の半分）へとずらすことでプロットされたものの見映えを良くし、より前向きの議論をしようと工夫したりするのです。

　中心値の数値の置き方に完全な正解があるわけではありません。**結局は当初の目的に照らした時に、より良い示唆やアクションに結び付くかという点が重要**です。それゆえ、最初から「正解」と言える中心値を設定するのではなく、実際に要素をプロットしてみてから適切と思われる中心値の位置を考える、という手順を踏むこともあります。

　各象限にプロットされる対象をうまくばらけさせるため、中心値としてサンプル全体の平均値を採用するという手法もよく用いられます。たとえばマネジャーのTOEICの平均点数が600点なら、それを中心値とし

て置くということです。ただ、平均値だと「平均を超えればOK」といった甘えが出てくることもあるため、より高い水準に中心値を設定することもあります。TOEICの点数ならば720点や800点に置くなどです。この辺は目的に照らして柔軟に考えましょう。

　次に各象限の名付け（ネーミング）です。特にセル型のマトリクスで定性的な軸を扱う際は、各象限にインパクトのあるネーミングをしておくと印象に残りやすいですし、方向性を明示することにもつながります。これはマストというわけではないですが、検討する価値は十分にあります。

図表 2-6　ジョハリの窓

	自分が 知っている	自分が 知らない
他人が 知っている	開放の窓	盲点の窓
他人が 知らない	秘密の窓	未知の窓

　たとえば上記のジョハリの窓において、「秘密の窓」が「埋もれた窓」だと受ける印象も違うのではないでしょうか。「未知の窓」などは「探索の窓」や「発見の窓」などと訳した方がより「見出すことが好ましい」という印象を与えられたかもしれません。

たびたび登場する図表2-7のPPMも、定量軸のマトリクスですが、各象限のネーミングのインパクトが大きく、それゆえ定着したとも言えます。一方で、「負け犬」（英語ではDog）とされた事業の従業員の意欲を削ぐという指摘もされています。

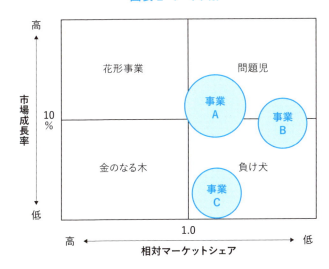

図表 2-7　PPM

　名前には魂が宿ります。多くの人に広めたいのであれば、インパクトだけではなく、感情面への配慮なども必要と言えるでしょう。

　ところでネーミングは語彙勝負の側面が大です。自分で考えることも大切ですが、他人のアイデアもうまく活用しましょう。生成AIも役に立ちます。たとえば以下にマネジャーの性格タイプごとのネーミング例を出してみました。ぜひ皆さんならではのアイデアも考えてみてください。

図表 2-8　ネーミング例

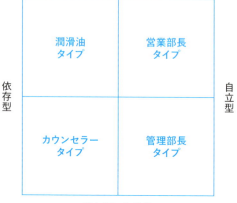

Tips

- 軸の組み合わせは、最初は試行錯誤で構いません。「量は質に転化する」を意識しましょう。
- 一見関係性の薄い異質なものを組み合わせると、ユニークなマトリクスを作成できることもあります。
- 既存のマトリクスの1軸を変えるだけでも、新たな示唆を与えるマトリクスを考案することができます。
- セルごとの意味合いや関係性はしっかり検討しましょう。
- 定量的な軸を採用する際には、象限の境目となる中心値の数字やレベル感をどうするか、慎重に考える必要があります。
- それぞれの象限（セル）にシンプルでインパクトのあるワードで名前を付けると、利用者の記憶に残りやすくなります。

5 実際に使用して有用性や普遍性を評価する

　マトリクスが出来上がったら、まず実際に使ってみることでその有用性を確認します。ポジショニング型、セル型（分類型）、センターボックス型では要素をプロットしてみます。想定した効用、すなわち課題解決の解像度が上がり、役に立つ示唆が得られたら、基本的には良いマトリクスです。一方、セル型（方向性型）やメカニズム型の場合はプロットするという作業ではなく、思いついた要素を書き込んだり現状の自分の地位を知りヒントを得たりという作業になります。使用する上での作業は異なりますが、これもやはり良い示唆が得られれば良いマトリクスと言えます。

　なお、プロットにあたって定量的な軸を選んだ場合、そのデータがとれることは必要条件です。たとえば自社と他社の比較をマトリクスに落とし込む場合、自社データはデータ入手可能な一方で、他社情報はとりにくいこともありえます。そうしたマトリクスは、理論上は綺麗でも実務的には使いづらくなります。マトリクスは実務で使えてこそ価値がありますので、理念先行になりすぎないようにしましょう。

　普遍性の評価については少し難易度は上がります。自分にとっては有用性のあるマトリクスに思えたとしても、それが普遍性を持つかはなかなか難しい問題です。一般のビジネスパーソンが世の中で使われるようなマトリクスを作るシーンは稀だと思いますので、社内での横展開くらいをまずはイメージして検討するといいでしょう。社内で横展開できそうか、自分で再度使えそうか、そもそも常識的に考えて違和感がないか、といった視点で見返してみるのです。他者に意見をもらうことも有

効です。

　たとえば下記は出版社のある部門において今年上半期の出版物を「内容に斬新さがある／ない」と「構成が良い／平凡」の2軸でマトリクスにしてみたものです。円の大きさは売上を表しています。ここから概ね、2つの要素のうちのどちらかが優れていればヒットになりやすく、両者が揃うとさらに売れやすいことがわかります。これは常識的に考えても普遍性が高そうです。プロットされたものの中には例外的に、斬新さがあったのに売れなかったものや、両方いまいちなのにそこそこ売れたものもありますが、例外は常につきものです。例外の個別事情を検討した上で、その普遍性を検討してみましょう。

図表 2–9　出版社における実際のプロット例1

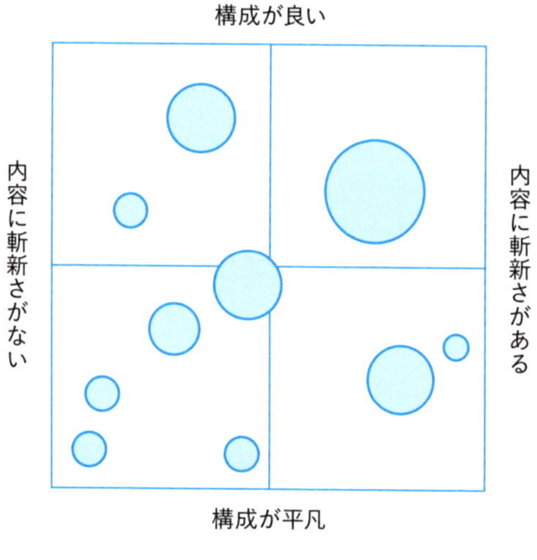

　次のものは横展開が微妙なものです。同じプロット対象について、今度は「1ページ当たりの価格が高い／低い」と「時事性がある／ない」でプロットしてみました。

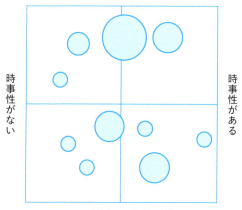

図表2-10　出版社における実際のプロット例2

　時事性はあまり売れ行きに関係なく、1ページ当たりの価格が高い方が売れているという傾向が見られます。これは偶然の可能性が高く、他者に説明するのは難しそうです。汎用的なマトリクスとは言えないでしょう。

　汎用的と思えたら、まずは自分で他の場面でも使ってみてその再現性を確認してみましょう。その上で、「こちらの軸のほうがよりシャープな結果が出るのでは？」と思ったら、それを試してみるといいでしょう。それによってより進化したマトリクスが出来上がる可能性があるからです。たとえば図表2-10の縦軸は「視覚的に読みやすい工夫が多い／少ない」で試してみてもいいでしょう。

　なお、**マトリクスは万能でないため、使うにあたっての前提条件や注意事項は改めて確認しておく必要があります。**たとえばPPMであれば規模型事業（シェアがコスト低減に結び付き、収益性向上につながるタイ

プのビジネス）の分析には向いているものの、シェアがあまり重要ではない分散型ビジネス（例：個人営業の飲食店）などでは良い示唆が得られないといった前提条件を知っておくことは重要です。

アンゾフの事業拡大マトリクスであれば、「What（何をやるか）」と「Where（どこでやるか）」の議論は進みますが、「How（どうやるか）」の視点が往々にして抜けがちになるという弱点があります。飲食店であれば、既存顧客に既存商品を売るとしても、来店してもらうだけでなくデリバリーという手法もあるわけですが、そうした議論がややしにくいのです。それゆえD・A・アーカー教授は、「既存のやり方／新しいやり方」という第3軸を加えたマトリクスを提唱したのですが、3次元で使いにくいということで、それほど広まってはいません。

どのような前提の時に成り立つマトリクスなのか、明らかな弱点は何かなどといった点はやはり意識したいものです。

> **Tips**
>
> ・実際に出来上がったマトリクスにプロットしてみることで感触をつかむことができます。
> ・汎用性については、常識的に考えて妥当かも検討してみましょう。
> ・他人に見せ、フィードバックをもらうことも検討しましょう。
> ・そのマトリクスが有効となる前提は確認しておきましょう。

第3章

新規マトリクス事例

本章ではわれわれがオリジナルで考案したマトリクスについて順次ご紹介します。通常の経営学の教科書の順序とは少し変え、まずは身近で個人レベルでも考えたり使ったりしやすいと思われる「対人コミュニケーション・リーダーシップ編」からスタートし、「志・キャリアデザイン編」「思考編」と続きます。

　その上でさらに「戦略・マーケティング編」「組織マネジメント編」「会計・ファイナンス編」「テクノベート編」へと続きます。合計で40個となります。完全にオリジナルのものもあれば、既存のフレームワークをマトリクスの考え方を用いて再整理・再解釈したものもあります。

　それぞれのマトリクスの項目では、「用いる場面」、「使い方・効用」、「マトリクスの構造」（軸や各象限の意味合いなど）、「活用事例」、そして「留意点」について解説しています。活用事例では、実際にマトリクスにプロットして活用した仮想事例や、日本の組織における応用事例などについても適宜紹介しています。なお、事例で紹介しているケースは、当事者が必ずしもこれらのマトリクスを用いたわけではないものの、それで説明できる例も紹介しています。

　「はじめに」でも触れたように、この40個は順番に読まなくてはならないというものではありません。関心のあるものから読んでみてください。また、これは実際に使えそうだな、あるいはこんな応用の仕方もあるな、さらには1軸変えたマトリクスなども作れそうだなど、自分なりのアイデアも考えながら読み進められると皆さんのマトリクス思考のセンスも確実に伸びますので励行してください。

Part1. 対人コミュニケーション・リーダーシップ編

1　チームビルディングマトリクス

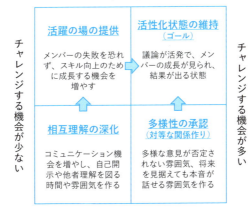

図表 3-1-1　チームビルディングマトリクス

《用いる場面》

　チームリーダーを任された人は、組織運営やプロジェクト推進にあたり、自身のチームをより成果を出せる良い雰囲気のチームにしたいと考えます。現状を把握し、より良いチームとするためのヒントを得たい時に使用します。

《使い方・効用》

　このマトリクスは、チーム活性化状態に向けた方向性を確認するため

に使用します。

はじめに、現状のチームの状態を観察し、チームがマトリクスのどの状態にあるのかを見極めます。個々人がどこにプロットされるかに加え、チームの平均的な位置がどのセルに入るかを確認します。

その上で、現状のチーム状態に合わせた施策をとることにより、マトリクスの右上の活性化状態を目指します。道筋は図に示したように大きく2つのものがあります。このマトリクスを用いることによって、チーム活性化状態に向けた適切なアクションをとることができるようになります。

《マトリクスの構造》

タイプは、セル型（分類型）、セル型（方向性型）となります。

横軸は「チャレンジする機会が多い／少ない」、縦軸は「心理的安全性が高い／低い」に設定しました。

左下の象限「チャレンジする機会が少ない」×「心理的安全性が低い」における施策は「相互理解の深化」となります。ここに該当するスタッフが多い場合には、メンバーとのコミュニケーション機会を増やし、相互理解を深めることが効果的です。自己開示や他者理解を図る時間や雰囲気を作ることを意識しましょう。リーダー自らの意識や行動変容も求められます。自分のちょっとした言動がスタッフの心理的安全性を損なうことは多いものです。

左上の象限「チャレンジする機会が少ない」×「心理的安全性が高い」における施策は「活躍の場の提供」となります。ここに該当するスタッフが多い場合は、メンバーの個性を理解しつつ、過度に失敗を恐れるのではなく、スキル向上のために成長の機会の場を与えていくことが大切です。もちろん、任せっぱなしではなく、仕事ぶりをしっかり観察しつつ、適宜コミュニケーションをとることが必要です。

右下の象限「チャレンジする機会が多い」×「心理的安全性が低い」

における施策は「多様性の承認（対等な関係作り）」となります。ここに該当するスタッフが多い場合は、多様な意見が否定されない雰囲気や、将来を見据えて本音が話せる雰囲気作りを意識することが求められます。ここでの「対等な関係」とは、利害関係を気にせず、伝えたい時に自身の本当の考えを言い合える関係とします。ここでもリーダー自らの意識や行動変容は大切です。

　右上の象限「チャレンジする機会が多い」×「心理的安全性が高い」における施策は「活性化状態の維持」となります。ここに該当するスタッフが多い場合は、議論が活発でメンバーの成長が見られ、結果が出る状態です。最終的には多くのスタッフがこの象限に入り、離脱しない状態を目指したいものです。

《活用事例》

　プロジェクトチームのリーダーに抜擢されたAさんは、より成果を出す良い雰囲気のチームにするためにはどうしたらよいか考えました。ヒアリングなどを通じてチームの現状を観察すると、4人いるメンバーの心理的安全性が概ね低く、チャレンジする機会も少ないようです。つまりチーム全体としては平均して「相互理解の深化」のセルに入ることがわかりました（図表3-1-2）。そこでAさんは、まずチームメンバーの相互理解を深めるため、コミュニケーションをとる機会として交流の場を増やすことで、自己開示や他者理解を図る時間を作り、また雰囲気の改善に努めました。自分自身の言動にも注意するように努めました。

　次に、心理的安全性が高まってきたタイミングを見計らって、メンバーに対して、彼らの失敗を恐れず、スキル向上のために成長する機会を多く与えるようにしました。自身でできる支援も最大限行いました。すると、チーム内の議論も活発になり、また1人1人の成長が見られ、良い結果を出すチームへと変わり始めたのです。

図表3−1−2　チームビルディングマトリクス活用例

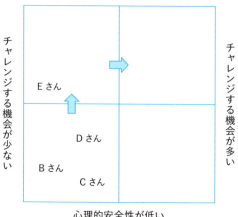

《留意点》

　チームリーダーとして、1人で働きかけを行っても、チーム全体の雰囲気をすぐに変えることは難しいものです。自身の考えに賛同し、協力を得られるメンバーをチーム内に徐々に増やしていくと、チーム作りを加速することができます。

　また、チャレンジの機会の付与は個々人の能力以外に、他メンバーとの兼ね合いに左右される場合もあります。個人の状況に加え、他のメンバーとの分担や相性なども勘案して適切なアサインメントをすることが必要です。

2　ボス・マネジメントマトリクス

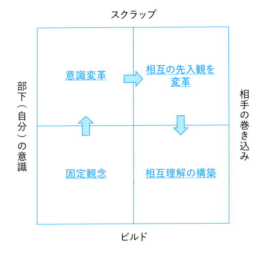

図表 3-2　ボス・マネジメントマトリクス

《用いる場面》

　「マネジメント」という言葉は、通常は上司が部下に対して行うものというイメージがありますが、一方で部下が上司をうまく動かす・使う「ボス・マネジメント」という考え方もあります。このマトリクスはボス・マネジメントをする際の考え方を示すものです。

《使い方・効用》

　このマトリクスによって、自分と上司の相互理解を構築するために必要なステップを確認することができます。

　自分と上司の関係性を思い浮かべ、まずマトリクスのどの位置にいるかを認識することから始めます。最終的なゴールである右下のボス・マネジメント（相互理解の構築）ができている状態を目指します。

ボス・マネジメントを行う際のステップが明確化されているため、順序立てて具体的な行動を起こしやすくなり、上司との信頼関係を構築することに役立ちます。

《マトリクスの構造》

タイプはメカニズム型になります。

横軸は「部下（自分）の意識／相手の巻き込み」、縦軸は「ビルド／スクラップ」としました。ボス・マネジメントの目的は、自分が実現したいことを上司に支援してもらうことにあります。そのためには、上司との信頼関係を築いていくことを重視する必要があります。

左下の象限「部下（自分の意識）」×「ビルド」は、「固定観念」となります。部下の意識はすでに構築されており、固定観念を持っている状態となっています。たとえば、上司が何とかしてくれるという過剰な期待や思い込みを持っている場合や、そもそも上司に期待しても無駄だと考えてしまっており、上司を過小評価している状態がそれに該当します。

次のフェーズは、左上の象限「部下（自分の意識）」×「スクラップ」、すなわち「意識変革」となります。部下の意識をスクラップするフェーズに持っていきます。そのためにはまず、上司は自分（部下）が活用できる資源であるという発想を持つことが必要です。上司に対して過度な期待や過小評価する考えをいったん捨ててみる試みが必要となります。

次のフェーズは、右上の象限「相手の巻き込み」×「スクラップ」、すなわち「相互の先入観を変革」となります。相手（上司）を巻き込み、そして相手の意識もスクラップするフェーズに移行します。相互の先入観を変革していきます。その際に必要なのが、相手のことを理解し、そして自分のことも理解してもらうということです。相手である上司からも自分が使える（価値ある）資源であると理解してもらうことです。お互いの得意不得意を理解し合い、補い合う関係になっていくことを目指

します。

　最後のフェーズは、右下の象限「相手の巻き込み」×「ビルド」、つまり「相互理解の構築」となります。相互理解を深め、関係性を構築していきます。お互いをよく理解してリーダーあるいはフォロワーとして行動し合えることを目指します。上司が輝くように自分自身が上司をサポートし、逆に自身が輝けるように上司にサポートしてもらえるような関係性を構築できれば最高です。

《活用事例》

　新しいプロジェクトに参加したＡさんの事例を見てみましょう。

　【固定観念】Ａさんは当初、新しいプロジェクトは上司が主導してくれるものだと、上司へ過度な期待を抱いていました。しかし実際、上司は別の仕事も掛け持ちしており、なかなか時間が割けないということが判明しました。上司からもこの新プロジェクトはＡさんが主導して推進していくことを告げられました。しかし、いざ自分が主導するとなると、何から手を付けるべきなのか、重要な判断はどうすればいいのかと頭を巡らせるばかりで、なかなか気持ちの切り替えができずにいました。

　【意識変革】ある日、上司がＡさんの元にやってきて新プロジェクトの進捗具合が悪いことを伝えられました。Ａさんは内心、上司への反発も覚えましたが気持ちをグッとこらえ、上司の言葉に耳を傾け続けました。その場でいくつかのアドバイスももらうことができ、徐々に気持ちが収まっていくのを感じました。上司との会話を終え、Ａさんは自分なりに意識を切り替える努力をしました。上司もこの新プロジェクトを丸投げしているわけではなく、重要なポイントではコミットしてくれるということを念頭に置き、上司が重要なところで判断をしやすくなるように仕事を進めることにしました。

　【相互の先入観を変革】Ａさんの頑張りに上司も信頼感を持つようになってきました。ある時、上司からＡさんに対して助言を求められるこ

とがありました。その出来事からＡさんは上司が自分のことを理解してくれたと感じとることができました。

【相互理解の構築】そのようなやりとりから、徐々にお互いの信頼感が醸成されていきました。そのおかげで、お互いがお互いをよく理解してリーダー、フォロワーとして行動できるような関係になり、紆余曲折がありながらも新しいプロジェクトを進めることができ、無事結果を残すことができました。

《留意点》

相手を一方的に変えようとするのではなく、まず自分自身に向き合い、自身を変革するところから始めることが重要です。

スティーブン・Ｒ・コヴィー博士の『7つの習慣』の中でも、インサイド・アウトという言葉が紹介されています。インサイド・アウトとは「自分の外部に原因や責任を求めるのではなく、自分の内面にあるものを変えることで、外にあるものを良くしていくこと」と説明されています。これはボス・マネジメントにも該当します。

3 部下の指導方針マトリクス

図表 3-3 部下の指導方針マトリクス

重要度が高い

煩わしさが低い	やりたい仕事 任せてみる 見守る	スキル向上に つながる仕事 この領域に着目させる やる気を起こさせる	煩わしさが高い
	すぐに終わらせて ほしい仕事 時間をかけさせない	削減の余地が ある仕事 業務の見直し・改善	

重要度が低い

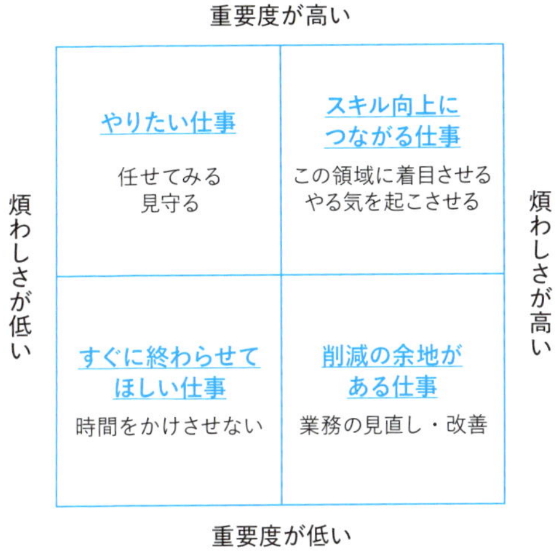

《用いる場面》

　日々業務を行う中では様々な種類の仕事があるものです。上司として
は収益アップや部下のスキル向上につながるといった、よりメリットの
大きい仕事に時間をかけてほしいと感じるのではないでしょうか。この
マトリクスは部下の仕事を色分けし、限られた時間を有効活用すべく指
導を行い、効果を生み出すために使用します。アイゼンハワーマトリク
スを1軸変えたものとなっています。

《使い方・効用》

　このマトリクスを用いて部下の仕事をプロットし、時間をかけるべき
仕事に正しく時間をかけているかに気付いてもらい、スキルアップを図
るべく指導することを目指します。そもそも部下にどの仕事を任せるべ

きかのヒントを得ることもできます。

　仕事を視覚的に分けることで、仕事のバランスに部下の意識を向けさせることもできます。部下にとっても自分が成長できる仕事に時間を使うことで、自己成長のスピードアップにつなげることができます。

　なお、単に仕事をプロットするだけではなく、実際に費やしている時間も併せて書いてもらうと、より詳細がわかります。

《マトリクスの構造》

　タイプはセル型（分類型）となります。ポジショニング型での応用も可能です。

　横軸は「煩わしさが高い／低い」、縦軸は「重要度が高い／低い」で設定しています。煩わしさは部下の視点で見たものです。

　右上の象限「煩わしさが高い」×「重要度が高い」は「スキル向上につながる仕事」になります。ここに該当する場合は、煩わしさから部下は避けてしまいがちです。しばしばモチベーションが低く、スピードに影響を与えることもあります。上司としてはこの領域の仕事の重要さを理解してもらい、やる気を起こさせたり、コーチングなどを適宜行い支援することで、部下のスキル向上につなげていくことが求められます。この象限の仕事は、一定以上の比率で与えることが部下の成長につながります。

　右下の象限「煩わしさが高い」×「重要度が低い」は「削減の余地がある仕事」になります。ここに該当する場合は、業務の見直しや改善を図るよう促します。必要に応じてアサインメントを変えることも検討しましょう。

　左上の象限「煩わしさが低い」×「重要度が高い」は部下にとっても「やりたい仕事」になります。通常は得意であることも多いものです。ここに該当する仕事はそのまま部下に任せ、様子を見守るようにしましょう。自信もつきやすいですし、長所を伸ばせる可能性が高い領域で

す。スキルが伸びれば、今は右上の象限に入っている仕事がこの象限の仕事に変化することもあります。

左下の象限「煩わしさが低い」×「重要度が低い」は「すぐに終わらせてほしい仕事」になります。ここに該当する場合は、時間をかけずに行うよう指導していきます。

《活用事例》

営業担当であるAさんは入社3年目の社員です。取引先より自社製品の提案内容について課題をもらいました。自分の知識ではわからないことも多く、様々な部署に確認もしなければならないため、時間もかかることから煩わしさを感じていました。Aさんにとっては右上の象限の仕事と感じられたのです。そしてついつい後回しにしてしまい、気付けば1週間が過ぎていました。取引先との信頼関係に影響が出ることを不安に感じながら、様子を気にかけていた上司のBさんは、マトリクスを活用してAさんに時間をかけるべき仕事の重要性について説明しました。

Aさんは、取引先との関係構築だけでなく、自身のスキル向上のためにも今回の任務が重要な仕事であると気付き、気持ちを入れ替えて課題解決に取り組むようになりました。上司であるBさんが適切にAさんの仕事ぶりを観察していたからこそ良いアドバイスができたと言えるでしょう。

《留意点》

上司と部下でよくコミュニケーションを図り、重要度の高さや煩わしさの感じ方の認識、さらにはそのように感じる理由などを一致させることが大切です。実際に仕事の意義を理解し、前向きに取り組んでみたら実はそこまで煩わしくもなく、得意になったというケースもあるものです。

4 新人の指導の方向性マトリクス

図表3-4 新人の指導の方向性マトリクス

即戦力度合いが高い

適切な業務の付与	専門性の即時発揮
地道な育成、向いている仕事探し	トレーニング

ゼネラリスト　　　　　　　　　　　　　　　　スペシャリスト

即戦力度合いが低い

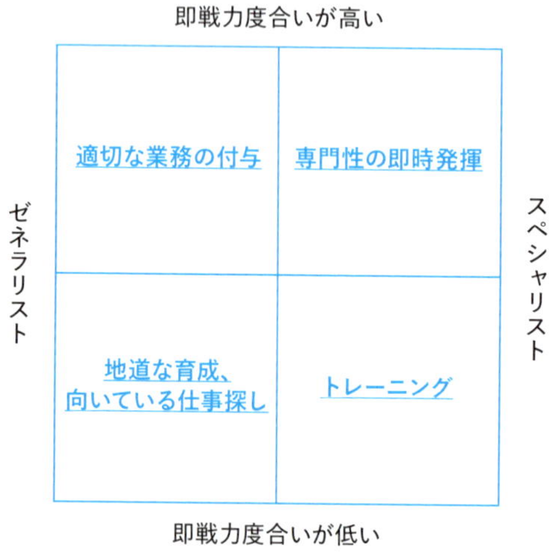

《用いる場面》

　かつての日本においては、新卒で入社した会社で定年まで勤めあげる終身雇用が一般的でした。そして新卒一括採用で人材を確保してから職務を割り当てる「メンバーシップ型雇用」が主流でした。その中で徐々に差がつき始め、管理職になれたりなれなかったりするといったように人材を育てていたのです。しかし最近では日本においても転職は珍しくはなくなってきており、人材の流動性は増しています。また、ゼネラリスト的なマネジメントの職だけが成功の証ではなく、スペシャリストとしてのキャリアトラックもでき始めています。

　このマトリクスは、多様化する社員のマネジメントの方向性、特に採用したての人間をどのように指導すべきかを検討する際に役に立ちます。

《使い方・効用》

　はじめに、採用した（あるいはしたい）人材のタイプが「スペシャリスト」（志向）か「ゼネラリスト」（志向）かを見極めます。また、即戦力の度合いも判断します。多くの大企業の新卒の総合職は「即戦力度合いが低いゼネラリスト」となるわけです。このようにして1人1人をプロットします。その上で、各人に活躍してもらうべく、指導の方向性を検討していきます。

　このマトリクスはまた、会社の人材の偏りや人事制度改変のヒントももたらしてくれます。たとえば、中途採用で即戦力を獲得することを中心に人材を確保している企業であれば、ジョブ型雇用の導入に適しているため、その導入を検討することもできます。

《マトリクスの構造》

　タイプはポジショニング型となります。

　横軸は「スペシャリスト／ゼネラリスト」、縦軸は「即戦力度合いが高い／低い」としています。

　右上の象限の「スペシャリスト」×「即戦力度合いが高い」は、すぐに専門性を発揮してほしい人々です。期待を明確に伝え、必要なリソースを提供すべきでしょう。また、タイムリーなフィードバックも必要となります。専門性をどんどん伸ばしてもらう環境作りが大切です。

　右下の象限の「スペシャリスト」×「即戦力度合いが低い」の人々は、丁寧に育成します。スキルギャップの特定とそれに応じたトレーニングを提供したり、上司や先輩社員の手厚いサポートが必要になります。一方で、現在は即戦力ではなくとも急激に成長する人材もいるため、そうした人材を早期に見極め、よりチャレンジングな仕事を任せることも求められます。

　左上の象限の「ゼネラリスト」×「即戦力度合いが高い」の人々には、まずは会社のビジョンや戦略の方向性を正しく理解してもらうことが必

要です。その上で、彼／彼女の力が最大化できる仕事を任せます。すでに能力はあるものの、やはり適宜フィードバックを行うことで、その力をさらに伸ばしてもらうことも求められます。学びの機会なども積極的に提供しましょう。

　左下の象限の「ゼネラリスト」×「即戦力度合いが低い」は、ポテンシャルに合わせてじっくりと育てていく姿勢が求められます。多様な機会を与え、フィードバックを行いながら育てていきます。全員が成功を収めるのは難しいですが、極力それに近づけるべく、彼／彼女が力を出せる仕事が何かを一緒に見出していくことも必要です。

《活用事例》

　株式会社ニトリでは、「ゼネラリストなスペシャリスト」を多数育成すべく、3〜5年単位で様々な職種を経験して多面的な視野を身につける「配転教育」を人材育成手法として採用しています。そのため、「配転教育」を実施せず、明確に職務を定義できる専門職にだけジョブ型雇用制度を適用する方法をとっています。専門職になるまでは「配転教育」を行い、社員が様々な職種を経験しながら自分でキャリアを選べる仕組みを導入しているのです。この制度は、従来の日本企業のやり方の良さと欧米的なジョブ型雇用制度の良さの両方を取り入れた制度と言えます。

《留意点》

　特に優秀なスペシャリスト人材は、職種にもよりますが、引く手あまたになることが少なくありません。せっかく育成した人材が流出してしまうのは好ましくありません。彼らに満足してもらえるように報酬制度を整えたり、会社に対する帰属意識を持ってもらえるように、ビジョンをしっかり共有したりすることが大切です。

5　リーダーシップ発揮の行動・言葉マトリクス

図表3−5　リーダーシップ発揮の行動・言葉マトリクス

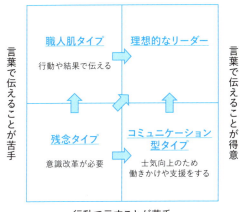

《用いる場面》

　リーダーとはいえ、誰にも得手不得手があり、様々な方法で彼／彼女らはリーダーシップを発揮するものです。このマトリクスは、自己の特性を踏まえてどのようにリーダーシップを発揮していくか考える際に使用します。あるいはより上の上司が部下のリーダーシップスタイルを知り、彼らを指導する際にも活用できます。

《使い方・効用》

　このマトリクスは、自身やメンバーの得意とするスタイルを把握し、効果的なリーダーシップの発揮を促すために使用します。現状でのマイナス面に過度に目を向けるのではなく、自己の強みを活かすことに主眼を置きます。もちろん、自分の苦手とするスタイルを改めて確認し、理

想的なリーダーを目指す上で、何をすればいいのかを考える指針にもなります。

　複数の対象者がいる場合には、1人1人の位置をプロットすることで、組織の特徴を確認したり、指導に活かしたりすることができます。

《マトリクスの構造》

　タイプはポジショニング型、セル型（方向性型）となります。

　横軸は「言葉で伝えることが得意／苦手」、縦軸は「行動で示すことが得意／苦手」に設定しました。

　右上の象限「言葉で伝えることが得意」×「行動で示すことが得意」は「理想的なリーダー」になります。基本的にはここを目指してリーダーシップのスキルを磨いていきましょう。

　右下の象限「言葉で伝えることが得意」×「行動で示すことが苦手」は「コミュニケーション型タイプ」になります。ここに該当する場合は、メンバーの士気向上のために自ら率先して働きかけや支援をしていくと効果的です。

　左上の象限「言葉で伝えることが苦手」×「行動で示すことが得意」は「職人肌タイプ」になります。ここに該当する場合は、自身の行動や結果でメンバーに示していく力をさらに伸ばすといいでしょう。ただ、さらに多くの人を率いたいのであれば、横展開しやすい言語化の能力を磨くことも必要です。直に行動を示せる範囲は限定的だからです。より上位のマネジメント職になるにつれ、その傾向は高まります。

　左下の象限「言葉で伝えることが苦手」×「行動で示すことが苦手」は「残念タイプ」になります。ここに該当する場合は、まずは自己の意識改革を行い、言葉で伝えるもしくは行動で示す場面を少しずつ増やし、次のステップに早く進めるようにしていきましょう。

《活用事例》

　企画戦略のリーダーに抜擢されたＡさんは、チームを取りまとめるためにリーダーシップをどのように発揮していくか悩んでいます。これまではチームの一員として先輩の方針に従って行動していればよかったのですが、リーダーという立場になった以上、メンバーの様子を気にかけながら先頭に立ってチームを引っ張っていかなければならないと考えていました。日頃の業務内での自己の特性を思い出しながら、このマトリクスを活用して考えてみました。自身は言葉で伝えることは比較的得意である一方、行動で示すことは苦手であると感じているため、まずはコミュニケーション型タイプとしてスキルを伸ばし、メンバーの士気向上のために率先して働きかけていくことに注力しようと考えました。

《留意点》

　このマトリクスは中心値をどこに置くかによってプロットされる場所が大きく変わります。まずは社内の平均的リーダー像のレベルを置くのが無難です。ただ、自分なりにこれを用いてスキルアップや行動変容を図りたい場合は、中心値をあえて高めに設定することも検討してみましょう。その上で、その方法に長けた人のやり方を観察したりヒアリングしたりしてコツを体得していくのです。

6　コミュニケーション深化マトリクス

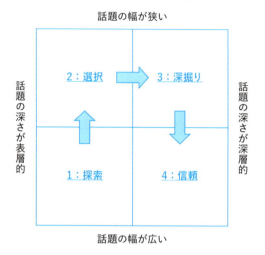

図表3-6　コミュニケーション深化マトリクス

《用いる場面》

　ビジネスにおいては、立場も年齢も異なる人とのコミュニケーションも必要となります。

　一度関係性を築けばスムーズなコミュニケーションがとれるようになりますが、最初の段階で関係性を築くことが苦手な人も多くいるのではないでしょうか。人との関係性を築くためのコミュニケーション能力は天性の素質だけではなく、ある程度のノウハウが必要となります。このマトリクスはその手順を示したものです。

《使い方・効用》

　このマトリクスにより、関係性が深まっていない人とのコミュニケーションのヒントが得られます。コミュニケーションが苦手な人でも、初

対面の人に対し、ある程度のコミュニケーションをとることができるようになります。通常は左下の象限からスタートします。

《マトリクスの構造》

タイプはメカニズム型となります。

横軸は「話題の深さが深層的／表層的」、縦軸は「話題の幅が狭い／広い」に設定しました。その上で、「探索」→「選択」→「深掘り」→「信頼」のプロセスでコミュニケーションを深めていきます。

1：探索

コミュニケーションをとる相手とのファーストコンタクトでは、「深さが表層的」で「幅が広い」テーマを話題にして、自分自身の知識があり、かつ相手が興味のあるテーマを探ります。人は同じものや事柄に興味や関心を持つ人に好意を抱きやすいという性向を活用します。その際、話の内容だけでなく、相手の身に着けているものや、話し方、訪問先であれば目につくものなどからもヒントを得て双方共通の話題を見つけます。

2：選択

探索の段階で相手の反応が良く、深掘りできそうな共通のテーマを見つけたら、そのテーマを話題にするよう選択します。

3：深掘り

選択した共通のテーマを話題の中心としてコミュニケーションを深めます。この際に、「5W1H」などを意識すると、話題に上がったテーマに関してより深く話すことができます。このプロセスを通じて、お互いをより深く知ることができます。

４：信頼

　共通のテーマでコミュニケーションを深めた後は、他のテーマに話題を広げ、双方の理解をさらに高めることで信頼を構築していきます。一般に、人は３つくらい盛り上がれる共通のテーマがあると、非常に強い親近感を抱くとされています。

《活用事例》

　管理部門に所属しているＡさんは、初対面の人とのコミュニケーションが苦手でした。しかしこの度、取引先の担当者が替わるということで、挨拶のために来社し面談をする機会がありました。

　Ａさんは、このマトリクスを意識し、まず「探索」を行うために相手を観察しました。新任担当者はアスリート体形でスポーツモデルのスマートウォッチを着けていたため、スポーツ全般をテーマに「選択」したところ、ランニングが趣味であることがわかりました。

　Ａさんもランニングを趣味としているため、かつて参加したマラソン大会という共通の話題で「深掘り」を行い盛り上がりました。この段階でかなり打ち解けることができました。

　その後、ランニングの話から、仕事とトレーニングの両立に話が広がり、仕事のことも深く話をするようになりました。こうして「信頼」の置ける関係を築くことができたのです。

《留意点》

　深層的で話題の幅が狭い「深掘り」の段階で、相手との信頼関係ができたと思ってはいけません。そこから話題の幅を広げていろんなことを話せる関係性を築けるようになることで、より強い信頼が得られたと言えます。可能であれば、常に新しい話題を投げかけてみることで、信頼をより強固なものにしていきましょう。

7　対「苦手な人」マトリクス

図表 3-7-1　対「苦手な人」マトリクス

《用いる場面》

　日々生活する上で、誰しも苦手と感じる人がいるでしょう。ただ、仕事を行う中では、そのような苦手と感じる人ともうまく付き合っていかなければなりません。このマトリクスは、相手と自身の関係性からどのように接するとよいのか考える際に使用します。

《使い方・効用》

　このマトリクスは、苦手な相手との付き合い方を確認するマトリクスです。自分と相手の関係性に応じて思考や行動を変えることで、苦手な相手と付き合う際でも、自身の心をコントロールしながら上手に立ち振る舞うことができます。

　「思考で対応」と「行動で対応」のどちらを選ぶかは、相手に与える

影響で判断するとよいでしょう。行動は相手にも目に見えてわかるからです。

《マトリクスの構造》

タイプはセル型（方向性型）となります。

横軸は「思考で対応／行動で対応」、縦軸は「相手のパワーが強い／弱い」に設定しました。

右上の「思考で対応」×「相手のパワーが強い」の象限は「意味付け」です。視点を変えたり、相手の嫌なところの捉え方を変えたりすることで、新しい意味合いを見出すようにします。

右下の「思考で対応」×「相手のパワーが弱い」の象限は「受け流し」です。文字通り、相手の苦手な面を受け流します。

左上の「行動で対応」×「相手のパワーが強い場合」の象限は「歩み寄り」です。相手の考えに合わせ、極力歩み寄ります。その上で共通する部分を探すのです。反論する際は周囲の力を借りることなどを選択肢として考える必要があります。

左下の「行動で対応」×「相手のパワーが弱い」の象限は「消極的放置」となります。必要な場面を除いて相手と一定の距離を置くようにしましょう。

相手の影響力の強さにより、ビジネスを行う中での人間関係の影響度合いは変わります。相手の状況に応じて、自身の思考や行動を変えながら、苦手な人とも付き合っていく必要があるのです。

《活用事例》

Aさんは上司のBさんに対して苦手意識を持っています。BさんはAさんが作成した資料を見て、文章表現の仕方など細かい点まで指摘したり修正依頼をしてくるので、「相手に伝わればそれでよいではないか」などとつい不満を感じてしまいます。しかし上司であるBさんを無下に

もできず、不満を抱えながら資料の再作成を繰り返しています。

重い気持ちのまま業務を続け、上司のBさんとの付き合い方に悩んだAさんは、このマトリクスを活用しました。パワーが強いBさんへの接し方の思考としては、嫌なところの捉え方を変えるとよさそうです。Bさんは細かすぎると感じていましたが、捉え方を変えればいつも丁寧に自分（Aさん）が作成した資料をチェックしてくれているということです。そう考えるとBさんへの見方が少し変わり、気持ちが軽くなりました。

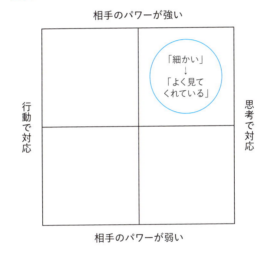

図表3-7-2　対「苦手な人」マトリクス活用例

《留意点》

縦軸の相手のパワーには、役職や肩書きなどのポジションパワー（公式の力）や、人間性や経験・実績などのパーソナルパワー（個人の力）、ネットワークや支援してくれる仲間のリレーションパワー（関係性の力）などいくつかのものがあるため、総合的に判断する必要があります。たとえば相手の人脈を活用したいのであれば、通常よりも自分が譲って視点を変える方向性を検討するなどです。

8　タックマンモデル（マトリクス型）

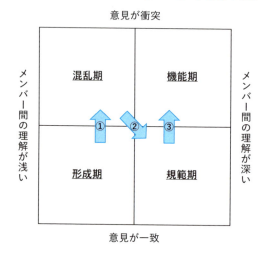

図表 3-8　タックマンモデル（マトリクス型）

《用いる場面》

　アメリカの心理学研究者ブルース・ウェイン・タックマンによると、チームは「形成期」「混乱期」「規範期」「機能期」のステップを経て成熟していくとされています。このマトリクスはそれをメカニズム型のマトリクスとして再定義したものです。

　新しいチームを率いるリーダーが組織を成熟させる際に活用します。特にプロジェクトチーム（タスクフォース）のような時限的な組織ではこの考え方が有効です。

《使い方・効用》

　はじめに現状のチームの状態を観察し、チームがマトリクスのどの状態にあるかを見極めます。

次に、現状のチーム状態に合わせた施策をとることにより、チームの成熟度を高めていくことができます。このマトリクスにより、チームが向かうべき方向性が明確となり、チームの成熟に向けた施策を行うことができます。

《マトリクスの構造》

　タイプはメカニズム型となります。

　横軸は「メンバー間の理解が深い／浅い」、縦軸は「意見が衝突／一致」としています。

形成期：チームの立ち上げ期で、コミュニケーションがとれておらず「メンバー間の理解が浅い」ため、（一致しているとも言い切れませんが）意見の衝突もありません。

混乱期：コミュニケーションが活発になりますが、まだまだ「メンバー間の理解が浅い」ため、お互いの負の側面が見えてしまい、認め合うことができず「意見の衝突」が起こります。

規範期：目標が定まり進むべき方向性が共有されるため、「メンバー間の理解が深まり」お互いのことを受け入れる土壌が出来上がり「意見が一致」するようになります。

機能期：「メンバーの理解が深まり」「前向きな意見をぶつけ合える」土壌ができ、相乗効果も生まれ1＋1が3以上になります。

　混乱期では、まずは互いに意見を言いやすい土壌を作ります。その土壌の上で、メンバーの理解を深めます。そのためには適切なイシューの設定が重要です。メンバーの間で自主的にルール作成を行い、共通目標を持つようにします。そして、信頼関係を高めることで、互いに意見をぶつけ合いながらも、チーム目標達成を意識した建設的な議論が自発的に行えるようになることを目指します。

《活用事例》

　2010年FIFAワールドカップ南アフリカ大会の日本代表チームは、本大会直前に開催された一連の試合で思うような結果を出せず、ファンからも非難を受け、選手たちは危機感を抱いていました。

　そのような中で、選手たちは試合の進め方をめぐり意見が衝突し、空中分解寸前とも評されました。しかし、徹底的に話し合い、「守ってカウンターを狙って勝つ」という方針を決め、一丸となって戦った結果、ベスト16進出を果たしました。ベスト8進出を懸けた決勝トーナメント1回戦では、PK戦までもつれ込み、敗れはしたものの、地元開催となった2002年日韓ワールドカップを除けば、ワールドカップでの最高成績を記録しました。

《留意点》

　多くの組織で壁となるのが上記の混乱期です。ここをうまくコントロールしないと、チームが崩壊してしまうこともあります。仮に乗り越えられたとしても、メンバー間にしこりが残り、その後のチームワークに影響を及ぼすこともあります。

　一方で、「雨降って地固まる」ということわざもあります。外からは多少やりあっているように見えたとしても、正しいことを正しいプロセスで議論すれば、それほどわだかまりは大きくなりません。混乱期をうまく乗り越え規範期を迎えた組織は、強固なチームワークを獲得し大きな成果を出すチームへ進化することになります。

9　1on1での相互理解促進マトリクス

図表 3-9-1　1on1 での相互理解促進マトリクス

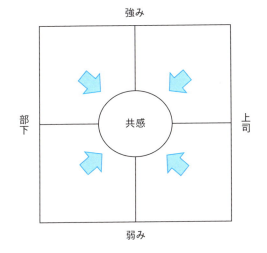

《用いる場面》

　1on1 ミーティングとは定期的に部下と上司が 1 対 1 で行う面談（対話）のことで、近年導入する企業が増えています。どのような組織であっても、最初から上司と部下の相互理解が深いわけではありません。そのため、1on1 を行う上で、上司と部下の相互理解を促し、早い段階で関係性を深化させるためにこのマトリクスを活用します。

《使い方・効用》

　このマトリクスは、部下と上司が協力してお互いの強み・弱みを書き込むことで完成させるマトリクスです。実際に書き込むことで自分や相手の強み弱みを認識することができ、相互理解を深めることに役立ちます。

まずは2人が自分の強み・弱みをマトリクスに書き込んでいきます。書き出した内容をもとに対話し、共感した強みに関するキーワードを共感枠へと書き移していきます。徐々に共感の枠の中に書き込むキーワードを増やしていくよう対話を重ねていきます。

　キーワードを書き込む際は、部下と上司でペンの色を変え、誰が書いたかを振り返られるようにするといった工夫も効果的です。

　マトリクスを協力して埋めていくことにより対話が生まれ、お互いの特性を理解することに役立ちます。これまでの上司・部下間の1対1コミュニケーションは目標管理制度の人事評価面談などが主流で、基本的に人事評価や方針徹底などが目的でした。

　1on1はそれに対し、双方向型のコミュニケーションをより重視しており、部下を主役に据えて対話をすることで、部下に気付きや自主的行動を促し、成長につながることを期待します。また、上司と部下の相互理解が深まることで、離職率の低下にも寄与します。

《マトリクスの構造》

　タイプはセル型（分類型）、センターボックス型となります。

　横軸は「部下／上司」、縦軸は「強み／弱み」、そして中心に「共感」という枠を設定しました。1on1の時間を利用して、相互で協力し合い、このマトリクスを完成させていきます。

　一度書いた要素を中心の枠に移動させていく点がユニークなところです。特にお互いにとって新たな発見となったものや、一緒に仕事をする上でポイントとなる要素をここにもってきましょう。

《活用事例》

　新任のマネジャーAさんの下に、新たに若手社員Bさんが配属されました。

　2人は1on1の時間で自身の強みや弱みについて書き出してみました。

一通り書き出した後に普段の仕事でのやりとりから、お互いの強みについても意見を出してみました。Aさんから見たBさんの印象は言われたことを素直に実行することです。また、自分から学ぶ姿勢もある点を挙げ、共感枠に移動させたり書き足したりしました。一方、Bさんから見たAさんの印象は面倒見がいいという点でした。Aさんはそれを普通のことだと思っていたため、自分では気付いていなかった強みを知ることができました。さらに2人は、お互いに書き出したキーワードから特に共感するものの中で大事と考えたものをピックアップし、共感枠へと移動させていきました。

対話を重ね徐々に共感枠に入っていくキーワードを増やしていくことで、お互いのことをより深く理解することができるようになったのです。

図表3-9-2　1on1での相互理解促進マトリクス活用例

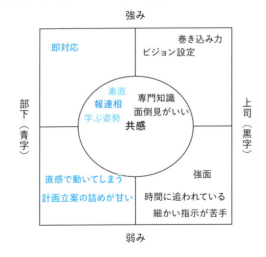

《留意点》

1on1は1回の時間を短くし、開催頻度を上げることで、より相互理解を高めることができます。そして、上司から積極的に自己開示すること

によって、部下の心理的安全性を確保することが大切です。自分の強み
を獲得した経緯や、弱みをカバーするために心がけていることなどのエ
ピソードを交えて会話を進めることで相互理解の促進を図ることができ
ます。また、ジョハリの窓のように、相手が気付いていない強みや弱み
を伝えることも効果的です。

　なお、図では共感枠に入れるものは便宜的に強みの要素に限定してい
ますが、別途スキル向上などを図るために、弱みの要素に関して同様の
ことをやってみてもいいでしょう。その際は、「できていない」と言うの
ではなく、「伸ばせる」や「できるといいね」などの言葉を使うといい
でしょう。

Part2.	志・キャリアデザイン編

10　やりたいこと探しマトリクス

図表3-10-1　やりたいこと探しマトリクス

能動的（積極的）

応援 他人の取り組みを サポートしていること	**興味・関心** 興味・関心のあること
依頼事 他人から 依頼されること	**内なる不平・不満** 自分が不平・不満に 感じることの改善

他人軸　　　　　　　　　　　　　　自分軸

受動的（消極的）

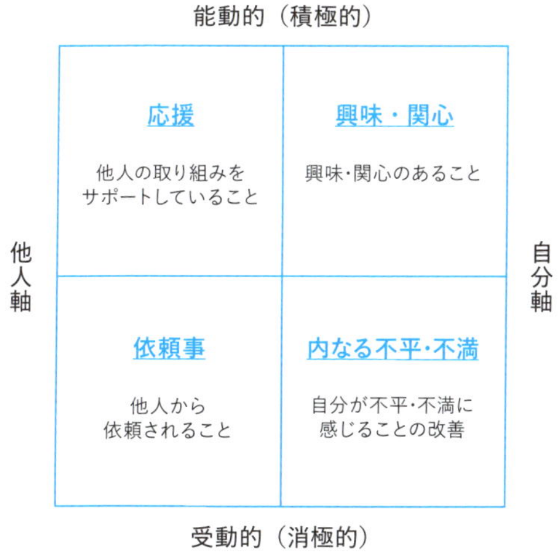

《用いる場面》

　自分のやりたいことや将来の方向性がわからず、モヤモヤしている状態が続いている人もいるのではないでしょうか。そのような状態から脱却するヒントを得るために使用します。

《使い方・効用》

　このマトリクスは、やりたいことがわからない状態から脱却するために、日々の行動や感情を思い返しながら各象限内に出来事や行為などを

記入することで、やりたいことを見つけていくマトリクスです。

　自身の行動や感情を思い返すことで自己理解を深め、認識していなかったやりたいことに気付いたり、やりたいことにつながる可能性のあるものを発見したりします。それによって、モヤモヤの感情を抱いているだけの状態から次のステップに一歩踏み出すことができます。

《マトリクスの構造》

　タイプはセル型（方向性型）となります。ポジショニング型として用いることもできます。

　横軸は「自分軸／他人軸」、縦軸は「能動的（積極的）／受動的（消極的）」に設定しました。

　右上の象限「能動的（積極的）」×「自分軸」は「興味・関心」となります。ここに該当する事柄は、最もやりたいことのヒントにつながる要素です。

　右下の象限「受動的（消極的）」×「自分軸」は「内なる不平・不満」になります。ここに該当する事柄については、自身が不平や不満を感じていることの改善策や解消法をしっかり考えてみることが必要です。たとえばサブリーダーに任命されたことに不満を持ったとしたのならば、自身がプロジェクトの先導や立上げをしたいと感じたことが、やりたいことであった可能性があります。

　左上の象限「能動的（積極的）」×「他人軸」は「応援」となります。ここに該当する事柄については、他人が取り組んでいることを応援し手助けしていることが、自身のやりたいことである可能性があります。

　左下の象限「他人軸」×「受動的（消極的）」は「依頼事」となります。他人が自分によく依頼してくることが、自身も意識していなかった得意なことであるケースがあります。それを認識することで、やりたいことにつながる可能性があります。

《活用事例》

　Aさんは、自分のやりたいことや将来の方向性がわからず、モヤモヤした状態から抜け出せずに苦しんでいました。何かヒントになることはないかと考えたところ、地域活性化活動に取り組む友人から、皆が集まる面白いイベント企画のアイデアはないかと相談を受ける機会がたびたびあったことが思い出されました。カフェで企画案を何時間も一緒に考え、意見を出し合った時間は楽しかったと記憶しています。もしかしたら自分は何かを企画することが好きなのかもしれないと感じたAさんは、早速社内で小さなイベントを企画して、自身がどう感じるか確認してみようと決意しました。

図表3-10-2　やりたいこと探しマトリクス活用例

《留意点》

　各々の象限から得たものが必ずしも自分のやりたいことであるとは断定できないものです。しかし、心が動いた事柄や印象に残った事柄にはやはりそう感じた理由があります。まずはそうしたことを自分がやりた

いことと仮置きし、行動を起こしていった結果、本当にやりたいことに出会えた、または気付けたというケースは多々あります。自分のやりたいことはなんだろうと悩んでいるだけのところから、実際にやってみることが大切です。

11　自己成長マトリクス

図表 3-11-1　自己成長マトリクス

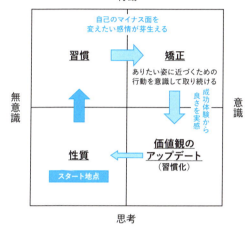

《用いる場面》

　書籍やネットニュース、会話などから、知識を得たり視野を広げたりすることはできても、自身の行動に変化を生じさせるまでには至らないケースは珍しくないと思います。自分を変えたい、成長したいと思った際に、どのようなプロセスを踏めば結果が得られるのか、自身の行動を見つめ直す際に使用します。

《使い方・効用》

　まずは現在の自分の位置を確認します。その上で、プロセスの全体像と次のステップに移るための示唆を得ることで、自己のありたい姿に向かって、自分の行動を変えていく可能性を高めることができます。基本的に左下の象限からスタートします。

《マトリクスの構造》

　タイプはメカニズム型となります。

　横軸は「意識／無意識」、縦軸は「行動／思考」に設定しました。

　左下の象限「無意識」×「思考」は「性質」となり、無意識にある自身の性質を分析し、認識するところからスタートします。

　左上の象限「無意識」×「行動」は「習慣」となります。性質は習慣につながり、そこで何らかの体験から自分を変えたいという強い感情が芽生えると、これまでの習慣を改め、ありたい姿に近づくための行動を意識して取り始めます。

　右上の象限「意識」×「行動」は「矯正」です。意識した行動を取り続けて成果が出始めると（矯正）、気持ちが高まり、さらにその行動を取り続けるようになります。

　右下の象限「意識」×「思考」は「価値観のアップデート」となります。矯正後の成功体験から良さを実感してくると、価値観がアップデートされ、場合によっては習慣化されて自身の性質の一部に変わっていきます。

《活用事例》

　Aさんは自己の性質である「あがり症」に悩んでおり、克服したいと感じています。人前で話すと緊張して声が震えてしまったり、途中で話す内容を忘れてしまったりすることもあります。あがり症であることから極力人前でのトークは避けてきましたが（習慣）、仕事上話さなければならない場面も増え、実績を出すためにも克服したいという気持ちが強くなり、不安や逃げたいという気持ちを感じつつも、人前でプレゼンする機会を意識的に増やすようにしました（矯正）。

　失敗しつつも回数を重ねるうちに、自身が思い描いたプレゼンを少しずつ行えるようになり、上司から褒められる機会も増えてきました。人前で話せるようになれば自身の強みになると考えが変わり、価値観が

アップデートされて、あがり症を気にすることは徐々になくなりました。自分自身を鼓舞して矯正をしっかり行ったことが奏功したのです。

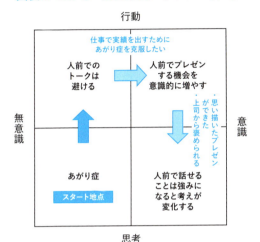

図表3-11-2　自己成長マトリクス活用例

《留意点》

　次のステップに進むためには感情の高まりが必要となります。次のステップになかなか進めない時は、本当に自分が変えたい、あるいは変わりたいと思っていることなのか、いったん立ち止まって考えてみたり、別の環境に飛び込んでみたりするとよいでしょう。また、行動変容をうまくできた知人にヒアリングしてみることなども効果的です。

12　ワーク・オートノミーマトリクス

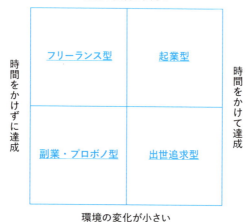

図表 3-12-1　ワーク・オートノミーマトリクス

《用いる場面》

　ワーク・オートノミーとは、自律して自分の判断で仕事が遂行できる状況、仕事における自由裁量のことです（より広くオートノミーとは、自律している、自分で意思決定することができる状態のこと）。それを重視してキャリアデザインを考えたい人も多いでしょう。一方で、個々人が重視する点も、やりがいやお金など、まちまちです。そのような環境下で、自身が満足感を得られる働き方を考える際に使用します。

《使い方・効用》

　このマトリクスは、満足感を得られる働き方を選択するために、キャリアのあり方を整理し、自分に合った仕事選びの方向性を確認するマトリクスです。特にワーク・オートノミーを重視する人向けです。

漠然と悩むよりも、このマトリクスを利用して、ワーク・オートノミーに加え、環境の変化や時間軸という視点を持つことによって納得性や満足度の高い持続可能なキャリアを築くヒントを得ることができます。

《マトリクスの構造》

　タイプはセル型（方向性型）です。

　横軸は「時間をかけて達成／時間をかけずに達成」、縦軸は「環境の変化が大きい／小さい」に設定しました。

　右上の象限「時間をかけて達成」×「環境の変化が大きい」は「起業」となります。自身に明確な理想像（ありたい姿）があることが重要です。起業とはいえ、急成長によってIPOを目指すスタートアップではなく、十数人から数十人程度の規模感を目指すこともあります。

　右下の象限「時間をかけて達成」×「環境の変化が小さい」は「出世追求」となります。自己啓発や人間関係構築に取り組むことが大切です。ワーク・オートノミーは少し制限されますが、結果をしっかり出すことが自由度を高めます。

　左上の象限「時間をかけずに達成」×「環境の変化が大きい」は「フリーランス」となります。組織の垣根が低くなる時代においては視野に入れておきたい働き方です。転職も、ワーク・オートノミーそのものはあまり変わりませんが、「時間をかけずに達成」×「環境の変化が大きい」の象限に入るという意味では似た部分があります。環境を変えることはスキルや意識に大きく影響を与えるものであり、悶々としているものの起業までは難しいと考えている人にとっては意識したい方向性です。

　左下の象限「時間をかけずに達成」×「環境の変化が小さい」は「副業・プロボノ」となります。まずは小さく始めてみて、軌道に乗ったら本業に切り替えていく選択をしてもよいでしょう。

《活用事例》

　Aさんは自身の今後のキャリアの築き方に悩んでいます。先日、職場の先輩が退職して起業し、他の同僚の中にも別のキャリアを目指して行動している人がいる話を聞きました。今の仕事は嫌いではないけれど、自身はこのままでよいのか漠然とした不安を感じていました。そこでAさんは現在の自分にできて自己成長にもつながることを見つけるべく、マトリクスを活用して、時間をかけずに達成できて環境の変化が小さい副業から始めてみることにしました。漠然とただ不安を感じている状況から脱却するために、まずは副業で小さく始めてみて、この分野でキャリアが築けそうと感じたら、改めて将来を考えることにしたのです。

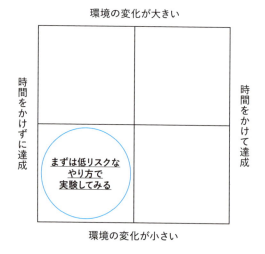

図表3-12-2　ワーク・オートノミーマトリクス活用例1

　Bさんは、時代の変化を日々感じる中、裁量権が少ないことや会社と自身の考えが合わないことに不満を感じていました。Bさんには明確な理想像（ありたい姿）があり、将来的には実現したいと考えていました。実現のために環境が大きく変わることや時間がかかることに不安はあり

ましたが、乗り越えられる自信はありました。現在の会社にこのままいれば将来も安定して過ごせるかもしれませんが、自分の理想を実現することは難しく、このまま不満を抱えた状態で仕事を行うより、理想に近づくための一歩を踏み出すことの方が財産になると感じました。自身を見つめ返し様々な状況も想定しながら、最終的には自ら裁量権を持ち理想像を追い求めることができる起業を選択しました。ただし、IPOを目指すのではなく、最終的には数十人程度のビジネスを考えています。

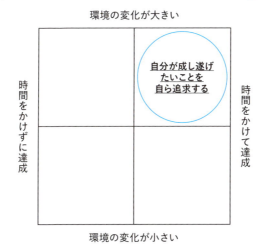

図表3-12-3　ワーク・オートノミーマトリクス活用例2

《留意点》

　性別や育った環境によっても個々人が重視する点は変わるため、まずは自己分析をしっかり行うことが大切です。たとえば、男性は仕事そのものやペースの自由度を重視するのに対し、女性は働く場所やスケジュールの自由度を重視する傾向にあると言われています。もちろん、いたずらにステレオタイプな見方を当てはめるのは好ましくはありませんが、出産はやはり女性にしかできないといった差異はあります。

13　副業と成長マトリクス

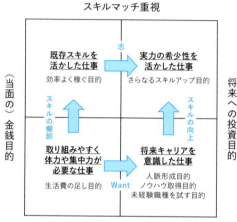

図表3-13　副業と成長マトリクス

《用いる場面》

　副業を通して収入増や自己成長を図りたいと考えている人が増えています。副業にも様々な目的があるため、自分に適した内容の副業を選択するために使用します。

《使い方・効用》

　このマトリクスは、自身の目的に応じた副業を選択する上で視野を広く持ち重要な選択肢を漏れなく書き込み検討するために使用します。

　現在有しているスキルがマッチし将来への投資目的になる「実力の希少性を活かした仕事」が選択できると、さらなるスキルアップも図れるため、理想論としてはここを目指すと良いでしょう。

　自己成長につなげることができているかを視覚的に確認できるため、

意向と違った場合には修正するヒントも得られます。

《マトリクスの構造》

タイプはセル型（分類型）、セル型（方向性型）となります。

横軸は「将来への投資目的／（当面の）金銭目的」、縦軸は「スキルマッチ重視／スキルマッチ重視せず」としています。

左下の象限「金銭目的」×「スキルマッチ重視せず」は「取り組みやすく体力や集中力が必要な仕事」になります。ここに該当する副業候補は、単純作業や肉体労働など生活費の足し目的が強くなります。夜間のレジの仕事などが該当します。

左上の象限「金銭目的」×「スキルマッチ重視」は「既存スキルを活かした仕事」になります。ここに該当する副業候補は、よりスキルが棚卸しされ、効率よく稼ぐ目的が強くなります。英語が得意な人が通訳をしたりするケースです。

右下の象限「将来への投資目的」×「スキルマッチ重視せず」は「将来キャリアを意識した仕事」になります。ここに該当する副業候補は、左下の象限よりWantが意識され、人脈形成目的やノウハウ取得目的、未経験職種を試すといった目的が強くなります。

右上の象限「将来への投資目的」×「スキルマッチ重視」は「実力の希少性を活かした仕事」になります。ここに該当する副業候補は、左下の象限よりは志が、右下の象限よりはスキルの醸成が意識されており、さらなるスキルアップ目的が強くなります。最終的にはこの象限に該当する副業を見出し、選択できるとより効果的にキャリアアップの機会とすることができます。

《活用事例》

Aさんは将来を見据えて、自身のスキルをさらに向上させたいと考えています。社内でも責任のある仕事を任されるようになってきました

が、以前から気になっていた未経験の職種にもチャレンジしてみたいという気持ちが日に日に強くなっていました。そこでＡさんは副業として知人の会社のマーケティング企画支援を行うようになりました。「将来キャリアを意識した仕事」を選んだのです。転職をして未経験職種にチャレンジするには、リスクもあり一歩を踏み出す勇気が持てなかったという事情もありました。

　友人や知人の仕事を手伝う中で新たなスキルを身につけたＡさんは、高度なスキルが要求される実際のマーケティング企画の仕事もある程度できるほどに成長していきました。今はさらなる自己成長に向けてチャレンジしたい気持ちが高まっています。

《留意点》

　副業を自己成長につなげるためには、副業の目的を意識し続けることが大切です。スキル向上を図るという意味では、選択肢としてプロボノなども活用できるでしょう。その際には、自分が興味を持っている分野のプロジェクトに参加し、明確な目標を置くとモチベーションを保ちやすくなります。また、プロボノ活動を通じて出会う人々と積極的に交流し、将来的なキャリアビルディングに役立つ人脈を築くことも意識しましょう。

14　転職判断マトリクス

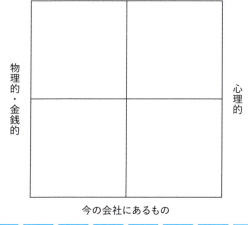

図表 3-14-1　転職判断マトリクス

《用いる場面》

　転職は近年では特別なものではなくなりつつあり、目的も人それぞれです。待遇がより良い会社に行きたい、リモートワークができる環境が欲しい、キャリアアップなど、人によって求めるものは様々です。転職を検討する際に、今が転職のタイミングであるのかを客観的に判断するために、このマトリクスが活用できます。

《使い方・効用》

　このマトリクスは、転職を検討する際に関わる要素をマトリクスにプ

ロットしたり新たに書き込んだりすることで、現時点での転職の是非を客観的に判断するために使用します。

　このマトリクスを使うことで、自分自身の意識や志向の棚卸しができます。また、仕事に対して何を優先しているのかを改めて考え直すきっかけとしても役立ちます。

《マトリクスの構造》

　タイプはセル型（分類型）、ポジショニング型になります。

　横軸は「物理的・金銭的／心理的」、縦軸は「今の会社にないもの／あるもの」に設定しました。

　「今の会社にないもの／あるもの」を思い浮かべ、それが「心理的」なものなのか、「物理的・金銭的」なものなのか判断しながらマトリクスに配置していきます。よく検討される項目は図表3-14-1のようにあらかじめラベルとして用意しておくといいでしょう。もちろん、ゼロベースで考え書き込んでいく、あるいは両者を併用するという方法もあります。

　最終的に「今の会社にないもの」に配置される項目が多い場合は、転職を本格的に検討するタイミングであることを示唆しています。逆に「今の会社にあるもの」に配置される項目が多い場合には、転職への判断をもう一度冷静になって考えるべきと言えます。

《活用事例》

　具体的事例として製造業で働く、開発職30代男性の例を見てみましょう。

　　悩み事：数年前に部署異動があり、これまでとは違う分野を担当する
　　　　　　ことになった。これまでの専門分野の知見が通用しない。一
　　　　　　方で管理職登用の打診も受けている状態。

重視するポイント：今よりも上流工程の仕事を経験し、成長すること。

　転職判断マトリクスにキーワードを埋めたところ、現在の待遇や地理的な条件は今の会社にもあり、比較的ワークライフバランスがとれていることがわかりました。ただし、心理的にはスキルマッチの点や組織との親和性において合致していないことから不安があるようです。
　この結果を受けて、今すぐ転職を行うことはせず、現職でより上流工程の仕事ができるように自社でのキャリアアップを目指しつつ、一方で自身のキャリアアップにつながる転職案件がないかを継続してチェックしていくことにしました。

図表 3-14-2　転職判断マトリクス活用例

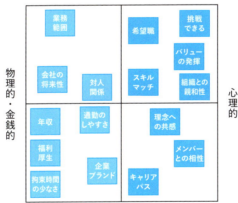

《留意点》
　仕事をする上で、重視する項目は人それぞれです。そのため、このマトリクスで今の会社にないもののほうに項目が偏った場合であっても、

すぐに転職に踏み切る必要はありません。このマトリクスを通して自分自身を俯瞰し、内省することで気付いていなかった重視ポイントに気付くことが大切です。また、転職ではなく、社内異動によるキャリアチェンジを目指すという方法も検討すべきです。

　ちなみに転職理由の上位に来るものに「現在の人間関係の悪さ」がありますが、全員との関係が悪いということは稀なものです。人間は往々にして目の前の印象深い事柄に目を奪われがちなので、それも意識して客観的にプロットすると有効です。

15 （アンゾフの）"転職"マトリクス

図表 3-15 （アンゾフの）"転職"マトリクス

		職種	
		既存	新規
業界	既存	【横滑り型転職】 同じ職種、同じ業界への転職であり、即戦力として活躍できる可能性が高い	【業界軸転職】 業界の知見を活かし、新しい職種にチャレンジする
	新規	【職種軸転職】 新たな業界で、これまで培ってきた自身の強みを活かす	【挑戦型転職】 新たな業界で新たな職種に挑む。 自身の志や強い想いが必要であり、自分自身の変革が必須となる

《用いる場面》

　日本でも若い人はもちろんのこと、40代以上のミドルの転職も増えてきました。そのような社会的背景の中、転職を検討する際の基本的な方向性を検討する場面で使用します。

《使い方・効用》

　このマトリクスは、転職を検討する際に、見落としなく網羅的に重要な選択肢を検討すべく用います。

　その上で転職候補の難易度を検討することで準備のレベル感を確認したり、入社後の「こんなはずでは」というギャップを防いだりすることができるようになります。

《マトリクスの構造》

　タイプはセル型（方向性型）です。「アンゾフの事業拡大マトリクス」を転職に応用し、自身の転職評価に活用したものです。

　転職を検討する際、通常「業界」と「職種」の2軸を基本に考えるとよいとされています。現時点の自分の仕事と離れた仕事を選択すると、転職後のスキルマッチの難易度が上がります。これをマトリクスで可視化することで客観的に判断できるようにします。

　同一業界の既存職種への転職は「横滑り型転職」です。転職後スキルマッチの確率は高いと言えます。さらなるレベルアップを目指すこともできそうです。ただ、それゆえに安易に転職してしまうこともあるので、カルチャーフィットなどもしっかり確認しましょう。

　同一業界の新しい職種にチャレンジするのが「業界軸転職」です。製薬業界の開発担当者が外資系製薬会社のMRに転職するようなケースです。業界の知見があるため、新しい職場であっても比較的スムーズに意思疎通ができると考えます。

　新たな業界で既存の職種へ転職するのが「職種軸転職」です。職種の知見があるため、業界が変わっても転職後スキルマッチもスムーズに進みます。また、受け入れ側の企業にとっては、他業界から入ってきた人材であるため、既存の業界に縛られない新たな視点を得ることができます。消費財のマーケティングを行っていた人が、サービス業のマーケティングの職に転職するイメージです。

　新たな業界で新たな職種へ転職するのが「挑戦型転職」です。既存の知見がほぼ使えないため、転職成功率は低く、転職後も知見を得るための挑戦が続き、リスキリングや学び直しが必要となります。比較的若い人向けの転職パターンと言えます。難易度が高いため「業界軸転職」もしくは「職種軸転職」を経て、ここへの到達を目指す道もあります。

　この象限の仕事を検討する際には、性格面でのフィット感があるかなども考えてみるといいでしょう。たとえばマッチングビジネスの営業か

ら他業種の人事部への転職は、職種は違うものの、求められる資質に共通点が多いことから、早期のフィットが実現するかもしれません。

《活用事例》

　Aさんは製造業のマーケティング部に所属しています。

　今、IT業界の企画職に転職しようと考えています。業界・職種の2軸とも変わるため「挑戦型転職」となります。一方で企画職とマーケティング職は、リサーチと分析に基づいて計画を立てる、目標達成に向けて戦略的に考える、KPIを用いてPDCAを回すなど、似ている部分もあります。また、製造業も最近DXを進めており、IT業界との親和性は低くはありません。見た目は「挑戦型転職」となりますが、両方の軸で重なる部分もあるため、改めてこれまでの蓄積がどこまで活きそうか確認するといいでしょう。また、他の可能性、たとえば今携わっているマーケティング職で、別のフィット感の高そうな業界がないか検討してみることも大切です。最初から答えは1つしかないと考えるのではなく、企業が新規事業を検討する時と同様、いくつかの候補を挙げ、その中から良いものを選ぶという発想も持ちましょう。

《留意点》

　転職を行うためのハードルとして、「3つの手錠」があります。

　①家族の手錠（親・配偶者・子どもからの理解や支援）
　②黄金の手錠（安定した給料、高収入）
　③キャリアの手錠（会社員としての社会的地位や役職）

　これらはキャリアの長さに比例して高くなる傾向にあります。そのため、いきなり転職という手段しかないと決めつけずに、社内新規事業や社内公募制度などを活用することも同時並行で検討してみましょう。

Part3.

思考編

16　問題解決タイピング

図表 3-16　問題解決タイピング

長期的

煩雑な問題	複雑な問題
熟考 or 時間がかかるなら プロにお任せ	最適解を探す 努力をしよう
自明な問題	混沌とした問題
自分で簡単解決	とりあえず やってみよう

問題の所在が明確

問題の所在が不明確

短期的

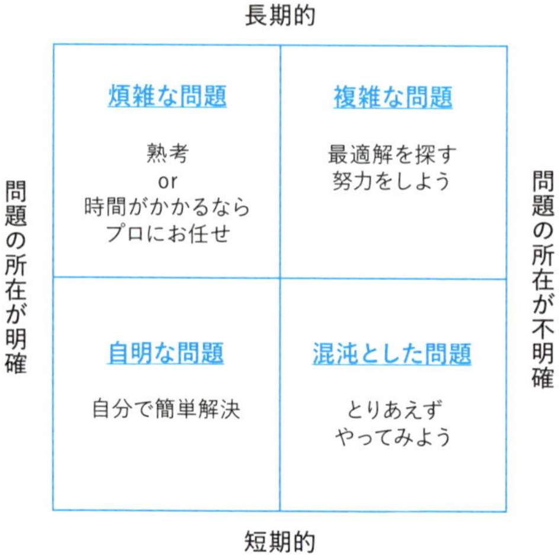

《用いる場面》

　単に「問題」と言っても、簡単に解決できる問題や答えのない問題など、様々なタイプの問題があります。問題解決に向けたアプローチを図る前に、抱えている問題のタイプを把握し、限りある時間の中で対応策を考える際に使用します。

《使い方・効用》

　このマトリクスは、抱えている問題のタイプから対応策の方針を探る

マトリクスです。

　問題にはマニュアル的方法論で、ある程度までは対応できるものもあれば、そうしたやり方では対応できない複雑なものもあります。その問題のタイプを見極め、限りある時間の中で解決（あるいは静観など）に向けたより良い対応を選択していくことができます。

《マトリクスの構造》

　タイプはセル型（方向性型）です。ポジショニング型として用いることもできます。

　横軸は「問題の所在が不明確／明確」、縦軸は「長期的／短期的」に設定しました。

　右上の象限「問題の所在が不明確」×「長期的」は「複雑な問題」となります。ここに該当する場合は、なかなか解決策にはたどり着けないため、最適解を探すべく努力を積み重ねるよう腹を括りましょう。多角的に考え、情報収集や分析を行う必要があります。問題を小さな問題に分割して考えることも有効です。自分の実力では解決できない時は、専門家や上司などより力のある人に頼ることも検討しましょう。

　右下の象限「問題の所在が不明確」×「短期的」は「混沌とした問題」となります。ここに該当する場合は、とりあえず行動をしてみるとよいでしょう。とはいえ、闇雲に動くのではなく、ある程度は仮説を立てながらそれをスピーディに検証していくことが必要です。状況によっては問題（課題）の再定義が効果的です。

　左上の象限「問題の所在が明確」×「長期的」は「煩雑な問題」となります。ここに該当する場合は、方法論を熟考して最適なやり方を検討してから着手するか、それでも時間がかかるようであればプロに任せるとよいでしょう。また、問題の所在が明確であっても、政治上の岩盤規制やキーパーソン（あるいはカギとなる組織）同士の長年の不仲・確執が根源的な問題であるなど、構造的に手を出しにくいケースもあるの

で、その難しさについても理解しておきましょう。

左下の象限「問題の所在が明確」×「短期的」は「自明な問題」となります。ここに該当する場合は、自分あるいはチームで簡単に解決できることも多いため、すぐに対応しましょう。クリティカル・シンキングの問題解決手法をマスターしておくと、それをスピーディに行うことができます。

《活用事例》

Aさんはとあるリゾートホテルに勤務するコンシェルジュです。美しい景観を望める客室があり、宿泊客からも人気のあるホテルです。お客様から要望があり、興味や関心事を聞きながら、いつものように観光や食事のスケジュールを組んで案内をしようとしていたのですが、明日は観光地周辺でイベントがあるため混雑が予想され、お客様の思うように行動できない可能性があることを知っていました。Aさんはマトリクスを活用し、今回の問題が「混沌とした問題」に該当すると考えました。Aさんは再度お客様の興味や関心事、体力や観光の理想ペースなどを聞き、観光ルートや飲食店の情報を複数提案しました。また、現時点で混雑状況がどうなるかわからない中で、お客様が当日の状況に合わせて行動できるよう選択肢を設け、対応しました。後日、お客様から「混雑はしていたものの、非常に楽しい時間を過ごすことができました。ありがとうございます」とのお礼のメッセージをもらうことができました。

混沌とはしていたものの、顧客を満足させるという目的に立ち返ってすぐに再ヒアリングした点が良かったと言えそうです。

《留意点》

一般に問題の所在が不明確なケースは、因果関係や人間の感情などが複雑に入り組んでいることが多いものです。表層の観察からだけでは問題の核心やその難易度に迫れないことがあるというリスクも意識しましょう。

17　ファシリテーションの方針マトリクス

図表 3-17　ファシリテーションの方針マトリクス

《用いる場面》

　ビジネスパーソンにとって、会議は日常的に行われているはずです。そして会議を有意義なものにする上でファシリテーターの役割は重要です。このマトリクスは、ファシリテーターが会議の方向性を決める際に使用します。

《使い方・効用》

　このマトリクスは、ファシリテーターが当該の会議の現状を把握し、会議運営の方向性を定めるために用います。会議のタイプ、環境を知ることで、会議をより目的に沿った有意義なものにすることが可能となります。

《マトリクスの構造》

タイプはセル型（方向性型）です。

横軸は「ゴールまでの時間が長い／短い」、縦軸は「参加者の意欲が高い／低い」に設定しました。

・ゴールまでの時間

長い：意見を拡散させ十分な議論を行う余裕あり

短い：収束してまとめを急がなければならない

・参加者の意欲

高い：方向性（プロセス）さえ示せばゴールまで自走してくれる

低い：ある程度決まった成果（ゴール）に向けて誘導する

右上の象限「ゴールまでの時間が長い」×「参加者の意欲が高い」は「拡散・巻き込み」となります。この象限に該当する場合は、ファシリテーターは会議のゴールだけを提示し、参加者にアイデア出しや自由な議論を行ってもらうようにします。結論に過度に介入するのではなく、健全な議論が行われるような舞台を整えることにエネルギーを使うことが大切です。

右下の象限「ゴールまでの時間が長い」×「参加者の意欲が低い」は「拡散・成果」となります。ここに該当する場合は、参加者の意欲が低いため、会議のゴールだけでなく、ゴールに向かってどのような議論を行うべきか、ある程度の方向性を示し会議が進むように参加者の背中を押す必要があります。ただし時間はあるので、過度に誘導的にならないようにしましょう。特に部下の指導などを兼ねている時にはその傾向は強くなります。自律性を損なわないという点にも留意しましょう。

左上の象限「ゴールまでの時間が短い」×「参加者の意欲が高い」は「収束・巻き込み」となります。ここに該当する場合は、参加者に残り時間が少ない旨を伝え、生産的に議論を進め、結論を出すよう促しま

す。議論が混乱した場合は速やかに介入し、収拾に動きます。時間切れにならないように、常に議論の目的を意識してもらうようにしましょう。

　左下の象限「ゴールまでの時間が短い」×「参加者の意欲が低い」は「収束・成果」となります。ここに該当する場合は、会議の成果をまとめるため、ファシリテーターが積極的に関与し、自ら意見を出したり、集約して巻き取りを行います。自分自身の意見を押しつけることは避けつつ、有用な情報をどんどん出すように促し、スピード感を持ってゴールに至ることが求められます。

《活用事例》

　公募でメンバーを募ったある長期プロジェクトのキックオフミーティングは、「参加者の意欲が高い」×「ゴールまでの時間が長い」という「拡散・巻き込み」に該当したため、ファシリテーターのＡさんは最終目標とスケジュール感だけをメンバーに伝え、自由な発想で議論を行うように促しました。これにより思考の幅が広がり、ファシリテーターの想像を上回るようなアイデアが生まれることを期待したのです。

　ただし、長期とはいえ、最初にボタンの掛け違いが生じると取り戻すのに少なからぬ時間がかかるため、プロジェクト本来の目的に立ち返って著しく逸脱していないかなどは常に確認するようにしました。参加者の意欲が高いからといって、会議が必ずしも生産的なものになるとは限らないのです。

《留意点》

　左下の「収束・成果」のケースでも、参加者に当事者意識を持たせることは大切です。それによって、決めたことに対するコミットメントも変わってくるからです。意見を引き出す、次回会議までに行うべきタスクを設定するなどの工夫によって、可能な限り当事者としてのコミットメントを引き出しましょう。

なお、横軸の中間値をどう置くかは非常に難しい問題になります。意思決定すべき事柄の重要度によっては、多少長い時間が与えられていても、心理的には短く感じることもあるでしょう。そうした場合は横軸を実際の時間（日数など）とするのではなく、心理的な長さなどとする工夫を検討してもいいかもしれません。

18 会議中の「抵抗勢力」への対処マトリクス

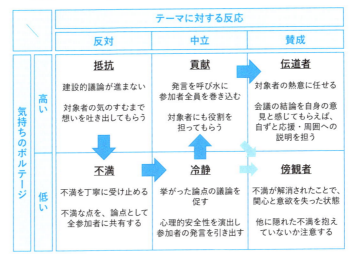

図表 3-18 会議中の「抵抗勢力」への対処マトリクス

《用いる場面》

　会議の場においてすぐに成果が出る会議もあれば、難航する会議もあるのが現実です。このマトリクスはファシリテーターとして「抵抗勢力」に対処するヒントを得るために使用します。「抵抗勢力」が感情的に不満を（発言や態度で）表し、健全で建設的な議論を妨げそうな場面において有用な示唆が得られます。

《使い方・効用》

　このマトリクスは、会議中の抵抗勢力へ対処するステップを確認するために使用します。会議の参加者の状態をよく観察し、1人1人がマトリクスのどこに該当するかを見極める必要があります。

　このマトリクスで対処法をあらかじめ知っておくことで、いざその場

137

面に立った時に落ち着いて対応できるようになります。また、相手に合わせた対応も適切に行えるようになります。

《マトリクスの構造》

タイプはセル型（方向性型）、メカニズム型となります。2×3＝6個のセルを設けているところに特徴があります。

横軸は「テーマに対する反応が反対／中立／賛成」、縦軸は「気持ちのボルテージが高い／低い」に設定しました。

抵抗勢力も意見が違うだけで悪意はないことが多いものです。ただし、人は自分の意見が通らなければ、多少は不満に感じるものです。さらに、「無視された」「踏みにじられた」と感じれば、人は感情的に抵抗するでしょう。そこでまずは、不満の感情を受け止めることで議論可能な冷静さを生み出します。その上で、客観的・論理的に議論を展開し、抵抗勢力を導いていきます。

まずはじめに、参加者の状況を分析し、マトリクスのどこに位置するかを推測することが重要です。相手の立ち位置に応じて、矢印の方向に進むようファシリテーションを行っていきましょう。

《活用事例》

社内でのDXの取り組みについて推進役になったAさん。社内の関係部署へ説明会を開催することになりました。Aさんはこれまで属人化してきた業務に目を向け、RPA（Robotic Process Automation：パソコンなどで行う事務作業をソフトウェアなどを用いて自動化すること）を導入することで業務を効率化したいと考えていました。しかし、この施策は社内でも一定数の反対意見がありそうだということを事前に耳にしていました。そこで、Aさんはこのマトリクスを確認し、相手の反応に合わせてファシリテーションをすることを念頭に置いて説明会に臨みました。

説明会で、一通りの説明を終えた段階で案の定、隣部署のＢさんからの猛反発を受けました。Ａさんはこの状況がマトリクスの「抵抗」に該当すると認識し、まずはＢさんの気のすむまでその思いを吐き出してもらうことから始めました。その結果、Ｂさんの気持ちも徐々に落ち着いてきたのか、まだ納得はいっていない様子でしたが猛反発の状況ではなくなり、「不満」に移行したことを認識できました。

　次にステップとしては、冷静になってもらった上で貢献してもらえるよう、Ｂさんの主張の前提を確認したり、建設的な代替案を出してもらうということが必要となるでしょう。

《留意点》

　「賛成」に回ったことで安心して気を抜いていると、参加者の議論への関心が薄れた（「傍観者」になった）ことに気付かない場合があるので、注意する必要があります。

19　ナッジマッピング

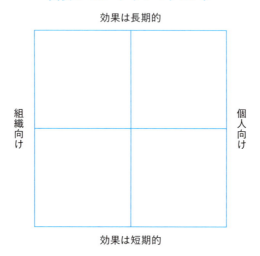

図表3-19　ナッジマッピング

《用いる場面》

　ナッジとはちょっとした工夫で人々の行動に無意識に影響を与えることです。たとえば商品棚のPOPに「限定」と謳うだけで人はそれを欲しがったりします。マーケティングへの応用や人々の習慣を変えるべくナッジを検討する際にこのマトリクスを使います。

《使い方・効用》

　このマトリクスは、ナッジを検討するにあたって、どのような可能性があるのかをブレストする際などに使用します。

　このマトリクスはまた、数多く存在する既存のナッジを整理するためにも使用できます。多くのナッジを知ることによって、自らがそれらを活用したり、新しい方法を検討したりするヒントとなります。

《マトリクスの構造》

タイプはセル型（分類型）となります。

横軸は「組織向け／個人向け」、縦軸は「効果は長期的／短期的」に設定しました。

マトリクスにプロットされるナッジの例をいくつか紹介します。

右上の象限「個人向け」×「効果は長期的」では、たとえばスマートメーターによるエネルギー消費のリアルタイム表示が挙げられます。これによって人々はエネルギー消費を抑えるような行動をとるように促されます。

右下の象限「個人向け」×「効果は短期的」では、男性用の小便器に「ターゲット」のシールを張る工夫などがあります（有名なのはオランダで実際に行われた、「蠅のシール」を貼るというものです）。これによってトイレの汚れを防ぐわけですが、慣れてしまうと効果は減じていきます。

左上の象限「組織向け」×「効果は長期的」では、社内の階段を魅力的にする工夫があります。それによってエレベーターではなく階段の使用を促すのです。明るい照明にしたり魅力的な装飾を施すなどがその典型です。

左下の象限「組織向け」×「効果は短期的」では、一時的なインセンティブなどが挙げられます。ただ仮にインセンティブを続けても人間はすぐに慣れてしまうため、インセンティブを上げ続けないと行動の定着に至らないのです。それではコストだけが高くなってしまうので、別の工夫を同時に考える必要があります。

《活用事例》

ある企業では会議の生産性の低さに悩んでいました。個々人に働きかける方法もありますが、啓蒙には時間がかかります。そこでこのマトリクスを用いて「組織向け」×「効果は長期的」のアイデアを検討しまし

た。そこで検討の末、実施したのが、会議室の使用時間のデフォルトを50分としたことです。よほどの重要会議で事前承認がない限り、50分経つと自動的に一度は追い出されることになったのです。その結果、会議前の資料配付なども含めて会議運営を効果的なものにしようという意識、あるいは集中的に議論しようという意識が高まり、生産性が向上したのです。

《留意点》

　出てきたナッジ案はEASTのフレームワークでその有用性を検討するといいでしょう。EASTはEasy（簡単・簡潔）、Attractive（魅力的・印象的）、Social（社会的）、Timely（タイムリー）の頭文字をとったものです。たとえばスーパーマーケットが健康番組の放映日の翌日に店頭の目立つ場所に番組で取り上げられた商材を置くのは、EASTの要素をいずれも満たしており、効果的です。

20　エフェクチュエーション（マトリクス型）

図表3-20　エフェクチュエーション（マトリクス型）

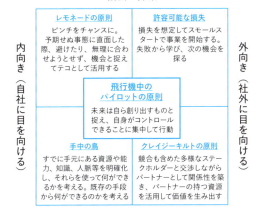

《用いる場面》

　エフェクチュエーションとは、バージニア大学ビジネススクールのサラス・サラスバシー教授が提唱した概念で、成功を収めてきた起業家に見られる、従来とは異なる思考プロセスや行動のパターンを体系化した理論のことを言います。

　不確実性が高まり未来予測が困難となっている現代において、ビジネスパーソンが、どのような思考を意識しながら未来に向き合っていけばいいのかを確認できます。

《使い方・効用》

　このマトリクスは、エフェクチュエーションの5つの考え方をマトリクスの形で網羅的に配置したものです。不確実性に対応する方向性を満

遍なく思い起こすことができるだけでも大きなメリットです。また、何か想定しないことが起きた時、「この状況を逆にうまく活用できないか」と考えるヒントを提供してくれます。

《マトリクスの構造》

タイプはセル型（方向性型）、センターボックス型です。

横軸は「内向き（自社に目を向ける）／外向き（社外に目を向ける）」、縦軸は「機会の探索／資源の活用」に設定しました。

右上の象限「機会の探索」×「外向き（社外に目を向ける）」は「許容可能な損失」となります。損失を想定してスモールスタートで事業を開始すること、失敗から学び、次の機会を探ることが重要となります。いきなり巨額の投資をするのではなく、小さな一歩から少額でトライ＆エラーを繰り返し学習していきます。

右下の象限「資源の活用」×「外向き（社外に目を向ける）」は「クレイジーキルトの原則」となります。競合も含めた多様なステークホルダーと交渉しながらパートナーとして関係性を築き、パートナーの持つ資源を活用して価値を生み出していく考え方です。大きさも柄も違う布切れを縫い合わせて作られた布に似ていることから「クレイジーキルト」の原則と呼ばれます。

左上の象限「機会の探索」×「内向き（社内に目を向ける）」は「レモネードの原則」となります。予期せぬ事態に直面した際に、避けたり、無理に合わせようとしたりせず、機会と捉えてテコとして活用します。アメリカのことわざに「人生がレモンをくれたら、レモネードを作ればいい」というものがあります。酸っぱいレモンにひと手間かけて美味しいレモネードを作るように、ピンチをチャンスと捉える考え方です。

左下の象限「資源の活用」×「内向き（社内に目を向ける）」は「手中の鳥」となります。すでに手元にある資源や能力、知識、人脈などを明確化し、それらを使って何ができるかを考えてみましょう。既存の手

段から何ができるのかを考えるのです。

　真ん中の象限は「飛行機中のパイロットの原則」となります。すべての原則にも通じることですが、未来は自らが創り出すものと捉え、自身がコントロールできることに集中して行動していくことが必要です。飛行中のパイロットのように、常に変化する計測器の数値を確認しながら、刻一刻と変わりゆく状況を冷静に観察し、臨機応変に対応していくことが大切です。

《活用事例》

　エフェクチュエーションの具体的事例を紹介します。まずレモネードの原則で有名な事例として2点紹介します。

・スリーエム「ポスト・イット」

　強力な接着剤の開発を行う過程で偶然できた「よくくっつくが剝がれやすい」接着剤を、失敗作として棄てるのではなく、発想を転換することで何度も貼り直しができる付箋として商品化しました。

・浪花屋製菓「柿の種」

　あられを製造する際に使用する金型をうっかり踏み潰してしまい、元に直らずそのまま使用したところ、歪んだ小判形のあられになってしまいました。その形が柿の種に似ているとの声があり、これをヒントに「柿の種」が生まれました。

　次にクレイジーキルトの原則として参考になる事例を紹介します。

・兵庫県城崎温泉

　「街全体が1軒の旅館」をコンセプトとし、駅が玄関、通りが廊下、それぞれの旅館が客室、6つある外湯が大浴場、商店が売店で、住民みん

ながお客様をもてなす旅館スタッフと捉え、地域住民が団結して活動しています。地元の旅館とホテルは、個々の予約状況と全体の動向を比較できる仕組みを持ち、需要予測などを可能にして効果的な集客戦略の立案につなげ、一帯の収益力向上を目指しています。

《留意点》

　エフェクチュエーションの考え方は、どれか1つだけ実施すればよいというものではありません。置かれた状況を勘案しながら、これら5つの原則を臨機応変に使いこなすことが必要です。

Part4. 戦略・マーケティング編

21　コスト削減の2段階マトリクス

図表3-21-1　コスト削減の2段階マトリクス

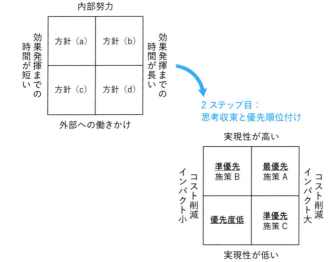

《用いる場面》

　ビジネスパーソンの多くは、上司からコスト削減を指示された経験があるのではないでしょうか。指示を出す側としては、打ち出した施策に納得感があるか、説得力があるかなども検討する必要があります。このマトリクスでは、コスト削減を実施する際に2ステップのマトリクスを使用することで、コスト削減の効果が高いものを抽出します。

《使い方・効用》

　このマトリクスは、2段階のマトリクスで構成されています。1つ目のマトリクスでは、コスト削減に向けて実際に考えうる施策を書き込んでいきます。部内だけでなく、外部も含めた思考を行うことで普段思いつかないような施策を考え出すことにもつながります。2つ目のマトリクスでは実際に出てきた案をプロットして効果的なものを見出していきます。2ステップに分け思考をすることで、思考の拡散と収束を行います。

《マトリクスの構造》

　タイプはセル型（分類型）とセル型（ポジショニング型）の組み合わせとなります。2つのマトリクスを順次用いてコスト削減の施策を検討します。

　1ステップ目のマトリクスは思考の拡散を意図しています。マトリクスの横軸は「効果発揮までの時間が短い／長い」、縦軸は「内部努力／外部への働きかけ」と設定します。まずはこのマトリクスで様々なアイデアを出します。

　2ステップ目のマトリクスでは思考収束と具体的な優先順位付けを行います。横軸は「コスト削減インパクト小／大」、縦軸は「実現性が高い／低い」に設定しました。

　右上の象限「実現性が高い」×「コスト削減インパクト大」に該当する施策を「最優先」とします。

　右下の象限「実現性が低い」×「コスト削減インパクト大」に該当する施策は「準優先」。

　左上の象限「実現性が高い」×「コスト削減インパクト小」に該当する施策も「準優先」。

　左下の象限「実現性が低い」×「コスト削減インパクト小」に該当する施策は「優先度低」とします。

　このマトリクスにプロットしていくことで施策に優先順位を付けるこ

とができます。

《活用事例》

　ある家電メーカーの商品設計部での活用例です。1ステップ目では視野を広く捉え、内部努力や外部への働きかけを含めて検討を行いました。すでに「内部努力」×「効果までの時間が短い」の象限に入る施策は実施されていたものが多かったことが確認できました。そこで次に、最終的に大きな効果を生むことを期待して、「内部努力」×「効果までの時間が長い」の象限に入る「設計の変更」と「固定費の削減」にフォーカスして、早期に取りかかることが好ましい複数の案を出しました。「固定費の削減」はほぼ人員削減しかやりようがないため、今回はこの段階で見切りました。「設計の変更」では、具体的に以下の案が出ました。

・筐体の素材変更
・採用部品のVE
・筐体の形状変更
・部品点数削減
・部品の内製化
・機能のダウングレード

　2ステップ目では設計の変更にまつわる施策を実現性の観点とコスト削減インパクトの観点で評価し、それぞれの施策をマトリクスにプロットしました。この事例では実現性が高く、コスト削減インパクトが大きい「筐体の素材変更」と「採用部品のVE」を最優先施策として設定することができました。

図表 3-21-2　コスト削減の2段階マトリクス活用例

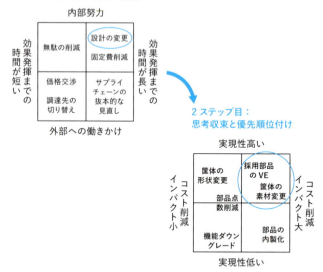

　次は改めてステップ1のマトリクスに戻り、「外部への働きかけ」×「効果までの時間が短い」の施策である「価格交渉」や「調達先の切り替え」ができないか具体的方策を検討し、優先順位付けを行う予定です。

《留意点》

　今回はコスト削減を例にとりましたが、このようにマトリクスを2段階で使用することで、広く考えを張り巡らせ、その後収束させるというプロセスで物事を検討することは普遍的に行うことが可能です。この場面に限らず様々な場面で使うことができるので、軸を変化させて自分なりの2段階の「拡散→収束」のマトリクスを作ってみるとよいでしょう。

22　新技術の評価マトリクス

図表 3-22-1　新技術の評価マトリクス

《用いる場面》

　新たなテクノロジーが次々と誕生する中で、それらの自社のビジネスへのインパクトの大きさと技術フェーズを踏まえ、優先的に投資あるいは提携して確保すべき技術を見出します。

《使い方・効用》

　このマトリクスは、新たなテクノロジーへの対応の方向性を確認するために使います。

　まず、世の中の多様なテクノロジーを洗い出し、フェーズを「研究開発」か「実装」に分類します（R＆DのResearchの段階か、Developmentの段階かと言い換えてもいいでしょう）。次に、各テクノロジーが自社のビジネスに与える影響を見極め、マトリクスにプロットします。これに

より、自社が注視すべき技術の優先度を簡易的に決めることができます。

《マトリクスの構造》

　タイプはポジショニング型、セル型（分類型）です。

　横軸は「技術フェーズが研究開発／実装」、縦軸は「自社に対するインパクトが大きい／小さい」で設定しました。

　右上の象限の「技術フェーズが実装」×「自社に対するインパクトが大きい」は、最優先で検討を行った上で、自社としての対応方針を定めるべきです。すでにスタートアップなどでは実用化している可能性も高く、自社ビジネスに影響が出ている可能性があります。迅速な後追いやベンチャー企業の買収といった施策も念頭に置く必要があります。

　右下の象限の「技術フェーズが実装」×「自社に対するインパクトが小さい」は、準優先的に検討すべき領域です。インパクトが小さいと思っていても、実際に検討した結果、自社ビジネスへの影響が大きいケースもあります。その場合はすぐに対策をとるべきと言えます。

　左上の象限の「技術フェーズが研究開発」×「自社に対するインパクトが大きい」も、準優先的に検討すべき領域です。実装フェーズになってからでは遅い場合も多いため、この段階で、社内開発するのか否か、どのくらいの金額を投資するのかなど、自社としての対応方針を定めることが望ましいです。

　左下の象限の「技術フェーズが研究開発」×「自社に対するインパクトが小さい」は、この4象限の中では優先度が低いものの、長期的には自社ビジネスに影響を与える可能性は十分にあります。また、自社の事業ドメインが広がると、対応が必要になることもあります。メディアなどで話題になっている技術については継続的にウォッチし、定期的に見直しすることをおすすめします。

《活用事例》

　大手通信会社のR＆D部門に勤務しているAさんは、自社の中長期の技術戦略を検討しています。5Gや6G、IoT、AIなどの身近な技術は何度も分析してきましたが、それ以外のテクノロジーについてはあまり社内でも議論されてきませんでした。

　Aさんはこのマトリクスを活用して、通信に限らず幅広く話題のテクノロジーを整理してみました。その結果、現時点では自社技術とは直接関係しないものの、数年内に自社に対するインパクトが大きくなる可能性が高いと思われる「自律走行（レベル4、5）」を見出しました。自社の業界に囚われない新しいテクノロジーに対する分析を行い、自社としての対応スタンスを定められたことで、中長期的に会社に貢献できたのです。

図表 3-22-2　新技術の評価マトリクス活用例

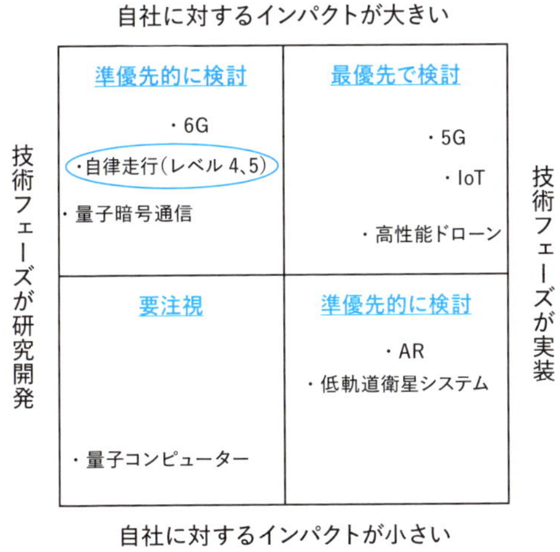

自社に対するインパクトが大きい

技術フェーズが研究開発	準優先的に検討 ・6G ・自律走行（レベル4、5） ・量子暗号通信	最優先で検討 ・5G ・IoT ・高性能ドローン	技術フェーズが実装
	要注視 ・量子コンピューター	準優先的に検討 ・AR ・低軌道衛星システム	

自社に対するインパクトが小さい

《留意点》

　テクノロジーの変化スピードは速いため、比較的短期での見直しが必

要となります。そのためにも、組織全体として新しいテクノロジーにアンテナを張って最新情報を収集できる仕組みを構築しておくことが重要です。

　また、下に見ていた技術がいつのまにか性能を上げ、多くの顧客ニーズを満たす重要技術に躍り出ることがしばしばあります。いわゆる破壊的技術です。かつての馬車に対する乗用車などがそれに該当します。馬車全盛の時代、馬車業者は顧客が求めているものはより速く快適に走る馬車であり、自動車はおもちゃみたいなものと見下していたのです。銀塩フィルム＋カメラに対するデジタルカメラも同様です。自社の技術に慢心するのではなく、虚心坦懐に新技術のポテンシャルを見ることが大切です。

　なお、このマトリクスでは縦軸を「自社に対するインパクトが大きい」とやや中立的に表現しましたが、より戦略論と絡めて「自社の競争優位性に資する」という軸を置くことも可能です。軸のちょっとした表現にもこだわってみましょう。

23　在庫管理マトリクス

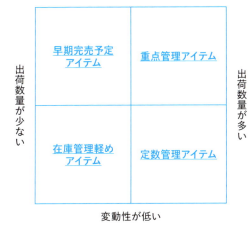

図表3-23-1　在庫管理マトリクス

《用いる場面》

　主にモデルチェンジが早い商品を扱う企業や、中小企業の在庫管理戦略策定ツールとして使用します。

　前提として、近年ではITが発達し需給予測からの在庫管理も行われています。しかし、それを導入する資金のない中小企業や、モデルチェンジが早い商品などでは、それらのツールをすぐには活用できません。

　一方で、在庫管理を人の手で行おうとすると、人的リソースの問題から重点管理を行えるアイテムが限られてしまうという課題があります。これを解決するために2つの評価軸で大まかな判断を行い、重点的に在庫管理を行うアイテムのスクリーニングを行うことができます。

《使い方・効用》

　このマトリクスは、多くの種類の商品を扱う企業で在庫管理の方向性を定めるために用います。扱っている商品をこのマトリクスにプロットすることで、その性質を特定し、在庫管理に費やす労力を抑えることができます。さらに、販売機会ロスや売れ残りのリスクを低減するといった効果も期待できます。

《マトリクスの構造》

　タイプはポジショニング型、セル型（分類型）です。

　横軸は「出荷数量が多い／少ない」、縦軸は「変動性が高い／低い」に設定し、在庫管理戦略を定めていきます。ここで、出荷数量＝経営に対するインパクト（重要度）、変動性＝在庫管理難易度（リスク）と考えることができます。在庫管理品をこれらの要素で分類し、重点的に在庫管理を行うアイテムを抽出して優先順位を定めていきます。

　右上の象限「出荷数量が多い」×「変動性が高い」は「重点管理アイテム」となります。ここに該当するアイテムは季節商品のエアコンや扇風機、石油暖房機などで、経営に対するインパクトとリスクが高いため、優先して在庫管理を行います。

　右下の象限「出荷数量が多い」×「変動性が低い」は「定数管理アイテム」です。ここに該当するアイテムはドライヤーやトイレットペーパーなどで、変動性が低くリスクが少ないですが、数量が多くインパクトが高いため、一定の在庫水準を定めて管理を行います。

　左上の象限「出荷数量が少ない」×「変動性が高い」は「早期完売予定アイテム」となります。ここに該当するアイテムは季節商品の電気餅つき機や水着などで、変動性は高いですが、販売数量が少なくインパクトは小さいため、早期の完売を目指します。

　左下の象限「出荷数量が少ない」×「変動性が低い」は「在庫管理軽めアイテム」です。ここに該当するアイテムはニッチ領域のアイテムや、

相対的に高価格なアイテムで、リスクもインパクトも少ないため、在庫管理に投じるエネルギーは極力小さくします。サプライチェーンを工夫したりすることで、そもそも在庫を置かないという選択肢も考えていいでしょう。

《活用事例》
　専門商社Z社ではそれまで在庫管理に濃淡をつけずに同じレベル感でこれを行っていました。そのせいか、しばしば過剰在庫を抱えてしまい資金調達上のデメリットが生じることも多く、問題となっていました。今回改めてこのマトリクスにプロットしてみると、商品Aと商品Cは重点管理アイテムであり、一方で商品B、商品H、商品Gは在庫管理の負担軽めのアイテムであることがわかりました。これを踏まえ、今後はよりメリハリのある在庫管理を行うことで、在庫の適正化を目指すことにしたのです。

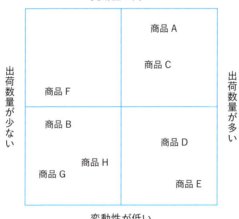

図表3-23-2　在庫管理マトリクス活用例

《留意点》

　変動性は、天候などの予期せぬ外部環境に左右されることがあるため、高度な予測を行った場合でも外れてしまうことがある点には注意が必要です。また、出荷数量はアイテムごとのトレンドがあるため、前年比からの予測だけでは判断できない部分もあります。実務的な柔軟性を持たせて運用しましょう。

24　SDGsと事業ポートフォリオ

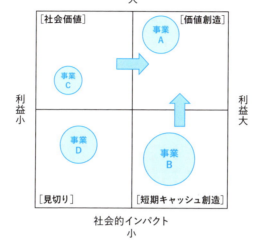

図表3-24-1　SDGsと事業ポートフォリオ

《用いる場面》

　近年ではグローバルな潮流として、事業による社会的な価値を可視化しステークホルダーへの説明責任が問われる環境になりつつあります。自社事業を分析し、社会的インパクトを事業戦略に反映させることが企業の継続性につながります。このマトリクスは事業ごとのSDGsへのインパクトをベースに、事業ポートフォリオの方向性を定めるために活用します。

《使い方・効用》

　このマトリクスは、各事業のSDGsへのインパクト（＝社会的インパ

クト）と利益貢献度合いを整理し、事業ポートフォリオの見直しの方向性を議論する際に役立てることができます。

はじめに、各事業の「利益」を確認します。次に各事業のSDGsへのインパクトを見極め、マトリクスにプロットします。これにより、社会的インパクトと利益貢献度合いを可視化することができ、最適な事業ポートフォリオを構想したり、全社としてのリソースの配分の判断に役立てたりすることができます。

また、会社全体としてどこまで社会的インパクトのより高い事業への投資が許容できるかを議論する叩き台ともなります。たとえば医薬品業界は、疾病を治癒するという意味ではすべて社会的インパクト大の事業を営んでいると見ることもできますが、その中でも患者数が極めて少ない疾病向けのオーファンドラッグ（オーファンは孤児の意味）への取り組みは、より社会的インパクトの意味合いが大きな事業と言えます。そこにどこまで投資できるかなども検討できるのです。

《マトリクスの構造》

タイプはポジショニング型、セル型（分類型）となります。

横軸を「利益が大きい事業／小さい事業」、縦軸に「社会的インパクトが大きい事業／小さい事業」に設定しました。マトリクスの中に記載している円の大きさは「売上高の大きさ」を表しています。

右上の「利益大」×「社会的インパクト大」の象限は企業の中長期的な価値向上につながるものとし、「価値創造」とします。ここにすべての事業が来たら理想的です。

右下の「利益大」×「社会的インパクト小」は、稼いではいるものの、社会的貢献が乏しいため「短期キャッシュ創造」型の事業と言えます。右上の象限への移行が図れればいいですが、難しい場合は、左側の象限の事業、特に左上の象限にキャッシュや人材を供給する役割を果たすことが期待されます。これをクロスサブシダイゼーション（cross-subsidization）と言います。

　左上の「利益小」×「社会的インパクト大」は、将来的に企業の価値創造につながる「社会価値」型の事業です。これは競争力を高めるなどして右側に移行したいものです。

　左下の「利益小」×「社会的インパクト小」は、「見切り」型の事業と考え、是々非々で存続も含めて検討する必要があります。特に赤字の場合は撤退も視野に入れていいかもしれません。

《活用事例》

　クロスサブシダイゼーションの事例として、バングラデシュのグラミン・ダノンの事例が挙げられます。グラミン・ダノンは都市部の富裕層への販売で大きな収益を上げ、貧困層へ利益を薄くして販売することで事業継続性を高めながら、大きな社会的インパクトを出しています。

　また、日本国内の事例として、JR各社では新幹線や山手線などのドル箱路線で収益を上げて、地方の不採算路線の赤字を賄い、社会的インフラである交通網を支えるという構図をとっています。これもクロスサブシダイゼーションの例と言えます。

図表 3-24-2　SDGs と事業ポートフォリオ活用例

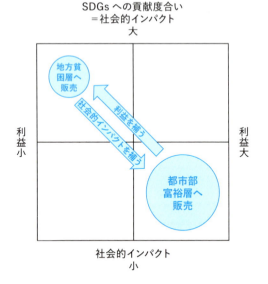

《留意点》

　必ずしも長期間左上の象限「社会価値」にいることが悪いとは言えません。利益が少なくても、社会的インパクトの大きさがブランドやマーケティングにつながり、間接的に自社の利益を押し上げることもあるからです。右側への移行、すなわち利益成長だけがとるべき方向ではないのです。

　このマトリクスの実用面での難しさは、縦軸の社会的インパクトの大小をどう決めるかという点でしょう。これについては、定量化のための明確な指標が確立されていないという難しさがあります。経営メンバー間での丁寧な議論が必要となります。

25　パワーの大きさを活用したDMUマッピング

図表3-25-1　パワーの大きさを活用したDMUマッピング

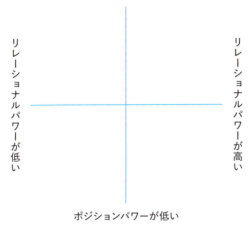

《用いる場面》

　BtoBマーケティングにおいては顧客組織内のDMU（Decision Making Unit：顧客の意思決定単位＝顧客の意思決定者、または意思決定関与者のこと）を見極めることが重要とされています。

　このマトリクスを活用して取引先社内の力関係をマッピングし分析・情報共有を図ることで営業の成功確率を高めることができます。

《使い方・効用》

　このマトリクスを用いて顧客組織内の関係者の力（パワー）をプロットし、彼らの力関係を把握します。顧客企業の関係者のパワーやその関連性は、往々にして営業担当者個人の頭の中で考えるにとどまることが多いものです。これを可視化し組織で共有することで、顧客対応の効率

化や、担当変更時の引継ぎ漏れも防ぐという効用が得られます。

《マトリクスの構造》

タイプはポジショニング型です。

通常、パワーの源泉は次の3種類があるとされます。

・ポジションパワー：組織における地位や肩書、予算・報酬・情報など
　　　　　　　　　　の権限を持つことによる影響力の強さ
・リレーショナルパワー：関係性の力、ネットワーク（人脈）の力
・パーソナルパワー：専門性、実績、信頼性、カリスマ性、コミュニ
　　　　　　　　　　ケーション力など、自身が持つ個の力

　このマトリクスでは、横軸を「リレーショナルパワーが高い／低い」、
縦軸を「ポジションパワーが高い／低い」とした上で、第3軸的に円の
大きさを「パーソナルパワーの高さ」と設定しました。

　ステークホルダーをマトリクスにプロットした後、プロットされた各
円の関係性を一覧しつつ、つなぐことで素早く相手組織の特性を把握
し、DMUの可視化を行います。

　なお、典型的DMUには「バイヤー」「ユーザー」「インフルエンサー」
「ディサイダー」「ゲートキーパー」の5つのタイプが存在します。

図表 3-25-2　DMU のタイプ

DMU のタイプ	役割	典型的なポジション （例：メーカーに工場設備を提案する場合）
バイヤー	ベンダーとの窓口となり、交渉や契約手続き、伝票処理などを行う	購買部の担当者
ユーザー	購買される商材の利用予定者。購買仕様の決定に影響力を持つ	工場長 工場の生産管理責任者
インフルエンサー	自身の担当分野の立場から、購買プロセスに直接 or 間接的に影響する意見を出し、意思決定を方向付ける	品質保証部門（品質に関して） 経理部門（決済条件に関して）
ディサイダー	購買仕様やベンダー選択に関し、公的もしくは非公式の意思決定権限を持つ	当該事業担当の事業本部長
ゲートキーパー	ベンダーと DMU の中のキーパーソンとの間の情報のやりとりや、相互の引き合わせを司る	購買部のリーダー／事業本部長 （ディサイダー）の秘書

出所：“Business-To-Business Marketing: A Strategic Approach”（Michael H. Morris 他著）に加筆修正
　　　『法人営業 利益の法則』（グロービス著、山口英彦執筆、ダイヤモンド社、2009 年）
　　　https://globis.jp/article/6351

　これらを可視化し情報共有することで、相手組織の「ディサイダー」だけでなく、彼／彼女に影響力を持つ「ゲートキーパー」や「インフルエンサー」も把握しやすくなるのです。

《活用事例》

　図表3-25-3に示したケースではＡさんが意思決定者ということがわかっています。ただし、多忙でもあり、すぐに話をできるという状況ではありません。

　Ａさんは最も役職が高くポジションパワーを持ち、高いリレーショナルパワーも持っていますが、パーソナルパワーはそこまで高くはないと想定されました。

　Ｂさんは高いリレーショナルパワーでマネジメント面からＡさんを支えるナンバーツーの立場でゲートキーパーの役割を担っていることがわかってきました。

Eさんはパーソナルパワーが高く営業面からAさんをサポートし、組織の中ではインフルエンサーの立場であると推定されました。

　Cさんは大きなポジションパワーを持ちますが、リレーショナルパワーが弱くDMUからは外れた位置にいると判断しました。同時にAさんとは社内でライバル関係であるため、その点も考慮すると優先順位は下がります。

　DさんはDMUではないですし、ポジションパワーもリレーショナルパワーも低いのですが、極めて大きなパーソナルパワーを持っています。会社からは自由な裁量を与えられ、個の力で成果を上げています。場合によってはユーザーとしての立場から支援してもらえるかもしれません。

　これらの分析を踏まえ、Bさん、Eさん、Dさんを味方につけることが営業戦略上、効果的と判断しました。

図表3-25-3　パワーの大きさを活用したDMUマッピング活用例

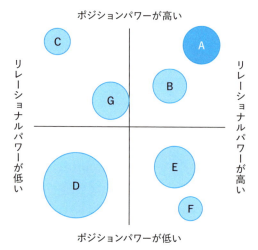

《留意点》

　取引先組織のDMUを把握することは成功への第一歩ではありますが、その関係性は刻々と変わります。しばらく商談が途絶えたケースなどでは更新もしっかり行いましょう。

　また、ある組織のキーパーソンは転職した後もその組織内においてキーパーソンとなることが多いものです。そのつながりから商機を広げることも意識しましょう。

26 受注アプローチマトリクス

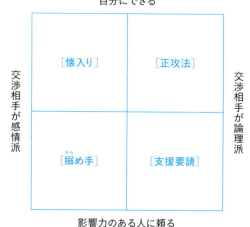

図表3-26-1 受注アプローチマトリクス

《用いる場面》

　営業担当が他社と競合する際、彼／彼女は自社製品が受注獲得できるよう交渉先へのアプローチ方法を模索します。このマトリクスを用いることで、より効果的な打ち手を検討することができます。

《使い方・効用》

　このマトリクスは、交渉先へのアプローチ方法を書き出し、整理した上でそこから選択を行うマトリクスです。

　交渉において自分1人の力でできることには限界があります。このマトリクスを使って交渉に活用できるものを挙げて整理することで、より効果的なアプローチを考えることができます。

《マトリクスの構造》

タイプはセル型（方向性型）です。

横軸は「交渉相手が論理派／感情派」、縦軸は「自分にできる／影響力のある人に頼る」に設定しました。

右上の象限「交渉相手が論理派」×「自分にできる」の象限は「正攻法」です。典型的には、自身の持つ費用対効果や業界知識、商品知識を用いてアプローチします。

右下の象限「交渉相手が論理派」×「影響力のある人に頼る」の象限は「支援要請」です。典型的には、他人（特に上司や先輩）の持つ費用対効果や商品知識、パーソナルパワーの力を借りてアプローチしていきます。

左上の象限「交渉相手が感情的」×「自分にできる」の象限は「懐入り」です。ロジカルなアプローチ以上に、自身の熱意や面白さ、姿勢や顧客の興味・関心事への知識などを用いてアプローチします。

左下の象限「交渉相手が感情派」×「影響力のある人に頼る」の象限は「搦め手」です。たとえば、随行してもらった自社の交渉者の地位などを活かしてアプローチを図っていきます。

《活用事例》

営業担当Aさんは次回の取引先との打合せに向けて、交渉相手へのアプローチ方法について悩んでいました。次回は先方も実質的な意思決定者である上司が同席するとのことです。カウンターパートの担当者に聞いた事前情報では、その上司はかなり論理派とのことです。そこでAさんは、自身が自社製品の良さや自社の製品を使ってほしいことを熱意で伝えるより、より商品知識のある製品開発部のB部長に同席してもらい、自社製品の高い技術力の根拠を示しながら製品の良さを伝えた方が、商談が良い方向に進むと考えました。そこで上司を通じて製品開発部のB部長に同席を依頼し、2人で訪問することにしました。Aさんの

目論見は見事に的中し、B部長の専門的な知識を活かした製品内容の説明や交渉相手からの質問への的確な回答により、受注獲得に大きく前進したのです。

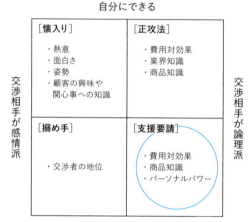

図表 3-26-2　受注アプローチマトリクス活用例

《留意点》
　他者の力については、当然人によって使えるものが変わってくるので、現実に自分が活用できるものをしっかり理解することが必要です。また、相手の評価についても、表層の態度で決めつけるのではなく、十分な観察やコミュニケーションが必要です。

Part5. 組織マネジメント編

27　エンゲージメント向上マトリクス

図表 3-27　エンゲージメント向上マトリクス

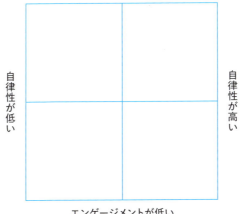

《用いる場面》

　企業の業績と従業員のエンゲージメント（帰属意識、貢献意欲の高さ）には正の相関があることが知られています。仮に売上や利益などが多少低迷していても、従業員のエンゲージメントを高めることでそれらを解消できるかもしれません。このマトリクスは社員に合ったエンゲージメントを高めるための施策を検討する際に使用します。

《使い方・効用》

　上司はまず、部下1人1人についてプロットを行い、職場の状況を把握します。その上で、それらの部下の状況により、適切な打ち手を検討することで、効率的にエンゲージメント向上を図ることができます。また、会社全体の現状を知り適切な手を打つ人材マネジメントにも応用可能です。

《マトリクスの構造》

　タイプはポジショニング型、セル型（分類型）です。

　横軸は「自律性が高い／低い」、縦軸は「エンゲージメントが高い／低い」に設定しました。

　右上の象限「自律性が高い」×「エンゲージメントが高い」の象限に入る人には、そのままの状態を維持してもらう施策を講じます。積極的な改善提案を促したり、プロジェクトなどへの参加を促したりという施策が有効です。さらなる成長を期待したい層です。

　右下の象限「自律性が高い」×「エンゲージメントが低い」の象限は、自律性の高さは維持してもらった上で、エンゲージメントを高めるアプローチが必要です。成長や学習の機会を提供する、改めて企業のビジョンについて説明する、仕事の意義について説明する、職場環境を改善するなどの施策が効果的です。

　左上の象限「自律性が低い」×「エンゲージメントが高い」の象限は、エンゲージメントのレベルはそのままに、自律性を上げてもらう試みが必要となります。コーチングによって気付きを与えたり、スキル向上の機会を与えつつ徐々に大きな仕事を任せたり、期待値を明確に伝えるといった試みが有効です。

　左下の象限「自律性が低い」×「エンゲージメントが低い」の象限は最も扱いにくい部下と言えます。一足飛びに右上の象限に移行するのは難しいので、左上の象限にまずは移行してもらってエンゲージメントを

上げ、徐々に右上の象限に近づける施策を講じることが効果的です。相手によっては指示的なリーダーシップを用い、実績を上げてもらって自信をつけてもらうことを考えてもいいでしょう。

《活用事例》

　かつてスターバックスコーヒーは規模を拡大するにつれ効率化を重視し、顧客や社員のことを考えず数字だけを追ったことで業績が低迷していきました。そのような苦境の中で、元CEOのハワード・シュルツが復帰し、経営が苦しい中でもストックオプション制度を導入しました。またアメリカでは珍しい社員の健康保険制度を維持したり、従業員トレーニング方法を見直したり、全社でのカンファレンスを行ったりなど、社員のエンゲージメントを全般的に高める施策を多数行いました。そしてこれらの施策により、経営危機に陥っていた業績を回復させ、世界的なコーヒーチェーンへの成長を遂げたのです。

　また、家電量販店のケーズデンキには「お客様第一」の実現のための「従業員第一」というコンセプトがあります。「社員が会社から大切にされていると感じるからこそ、お客様に気持ちよく対応できる」という考えです。これを実現するために、「本当の意味でお客様第一のためには、1従業員・2お取引先・3お客様・4株主の順で考えることが重要」という理念を掲げ、社員のエンゲージメントを高めています。「ノルマなし、残業なし」もユニークです。このマトリクスで言えばもともと上半分にプロットされる社員が多く、その影響もあって、ケーズデンキは同業他社よりも高い売上高成長率、純利益を実現しています。

《留意点》

　会社や個人の状況に合わせてアプローチの方法はアップデートする必要があります。また、エンゲージメントが一定水準を下回る場合は各施策がかえって逆効果をもたらす可能性もあるので注意が必要です。

28　人員異動マトリクス

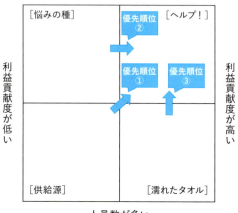

図表 3-28-1　人員異動マトリクス

《用いる場面》

　企業において人的リソースは有限です。それゆえその貴重な人材にどの領域の仕事を任せるかは重要課題です。このマトリクスは、各企業および組織の中で、人的リソースをどのように配置するかを検討・議論する際に活用することができます。

《使い方・効用》

　このマトリクスでは、各組織（部署）をマトリクス上にプロットしていきます。それにより、人的リソースが比較的足りているところや足りていないところが可視化され、配置転換のヒントが得られます。

《マトリクスの構造》

タイプはポジショニング型、セル型（方向性型）となります。

横軸は「利益貢献度が高い／低い」、縦軸は「人員数が多い／少ない」に設定しました。利益貢献度は営業利益÷人員数で求めます。一方、人員数の多寡は生産性の平均との比較で求めます。平均的な生産性を下回っている場合、「人員数が多い」と考えます。生産性にはいろいろな定義がありますが、簡便法としては、売上高÷人員数、あるいは粗利÷人員数で求めるといいでしょう。なお、部署によっては利益責任を持たないケースもあるでしょうが、その場合は適切な前提（例：移転価格などを想定する）を置いてその部署を利益責任を持つ擬似プロフィットセンターと見なし、利益貢献を計算します。

右上の「利益貢献度が高い」×「人員数が少ない」の象限「ヘルプ！」は、最優先で人員をシフトしていくべき領域になります。そのシフト元として最有力なのは左下の「利益貢献度が低い」×「人員数が多い」の「供給源」となります。ここにいる人材を右上の「ヘルプ！」に配置した方が企業への利益貢献につながるため、ある意味当然と言えるでしょう。

次のシフト元の候補は、左上の「利益貢献度が低い」×「人員数が少ない」の「悩みの種」の象限です。人員が不足しているものの、利益貢献度合いを考慮すると「ヘルプ！」の象限に人員をシフトすることもやはり検討すべきです。ただし、会社として必要な事業の場合は、残った人員のさらなる生産性の向上が必要となります。

最後の候補は、右下の「利益貢献度が高い」×「人員数が多い」の象限「濡れたタオル」です。過剰な人員数を踏まえると、状況に応じて右上の象限に人員をシフトすべきでしょう。ただし、商品の競争力強化などによってさらに利益貢献が見込める場合は、いたずらに人員を減らすのは効果的とは言えません。この象限と「悩みの種」の象限の優先度は状況に応じて変わりそうです。

《活用事例》

　あるメーカーの人事部長Ｚさんは、今後の人員配置に悩んでいました。商品Ａの売上が好調で、担当組織から人員を増やすよう強く要請を受けていました。しかし、この好調も中長期的に持続するとは想定しづらく、一方で社員を新たに採用することは会社にとってリスクが高いと考えていました。したがって、会社の中で人員の異動を行うことを考えましたが、人員を減らすことに対してはどの組織も後ろ向きです。そこでＡさんは、このマトリクスを活用して各部署をプロットしてみました。その結果、人員シフト元としてＤ業務担当部署とＥ業務担当部署を最優先とすると考えることができました。この分析を踏まえ、当該部署とコミュニケーションし、利益貢献以外の影響も考慮し、最終的には強化すべき領域への人員シフトを実行することができたのです。

図表 3-28-2　人員異動マトリクス活用例

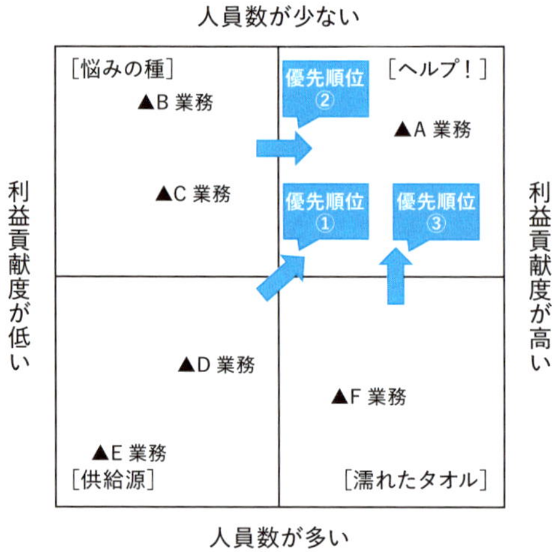

人員数が少ない

[悩みの種]
▲Ｂ業務

優先順位②

[ヘルプ！]
▲Ａ業務

▲Ｃ業務

優先順位①

優先順位③

利益貢献度が低い

利益貢献度が高い

▲Ｄ業務

▲Ｆ業務

▲Ｅ業務
[供給源]

[濡れたタオル]

人員数が多い

　ちなみに、京セラの創業者である稲盛和夫が開発した「アメーバ経営」という経営管理手法があります。組織を細分化し、独立採算制を導入す

ることで、各組織の1人当たりの付加価値（同社の定義による。実質的には人件費控除前利益）を計算し可視化することで、組織を解散したり、必要に応じてその人員を強化領域にシフトさせやすくする仕組みを作ったのです。経営管理手法の1つとして参考になります。

《留意点》

横軸の「利益貢献度」と縦軸の「人員数」の軸の中心値をどのように定めるかが少し難しいです。特に投資分野などは、現在の利益貢献度が低いからといって、安易に人員を減らすことを考えるのは危険です。逆に、成熟期でライバルが撤退したために利益率が一時的に高くなっている事業があったとして、そこに新たに人員を異動させるのは好ましいとは言えません。会社全体における組織の期待役割や経営環境も勘案すべきと言えるでしょう。

また当然ながら、人を異動させた時にその部署ですぐに戦力となるかも慎重に検討する必要があります。事業間のノウハウが異なるほど、戦力化は難しくなりますし、そのための時間も必要となります。

29　昇格者選考マトリクス

図表3-29-1　昇格者選考マトリクス

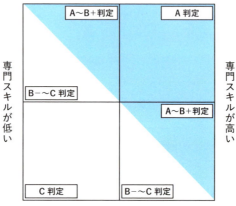

《用いる場面》

会社の昇格者を選考する際に、対象者を客観的に把握するために活用します。

《使い方・効用》

このマトリクスは、自社の昇格者を選考する際や、社員へのフィードバックに使用します。

はじめに、各昇格候補者の専門性の高低を見極めます。また、日頃の働き方やアセスメントなどを通してマネジメントスキルの高低を見極め、マトリクスにプロットします。昇格者の選定基準だけでなく、組織の人材獲得・育成計画に活用することも期待できます。たとえば本来必要な数よりもマネジメント人材が少ないのであれば、そうした人材を外

部から採用する、あるいは右下の象限のタイプの人を説得してマネジメントスキルを伸ばしてもらうなどの対応をとるといった対策が考えられます。

《マトリクスの構造》

タイプはポジショニング型、セル型（分類型）です。

横軸は「専門スキルが高い／低い」、縦軸は「マネジメントスキルが高い／低い」に設定しました。

近年ではマネジメント職とは別に、マネジメントは得意ではない（あるいは関心が薄い）ものの個人の専門スキルが高い社員にエキスパート職としての役職を用意する会社も増えてきています。そのため、「マネジメントスキル」と「専門スキル」の2つの軸で社員の特性を把握し、どちらの方向で昇格させるべきなのか（あるいは、したいと本人が考えているのか）の判断基準として活用できます。なお、昇格させるか否かの判断基準として、図中、斜めに引いたボーダーラインを参考にすることもできます。

右上の「専門スキルが高い」×「マネジメントスキルが高い」の象限にプロットされた社員は、ぜひ昇格させるべき人材でしょう。

右下の象限の「専門スキルが高い」×「マネジメントスキルが低い」は、職種によっては、専門性を評価して昇格とすべきでしょう（例：データサイエンティストなど）。一方で、マネジメントスキルが求められない職務に就かせるなどの工夫も必要です。

左上の象限の「専門スキルが低い」×「マネジメントスキルが高い」に入る人材は、職務によって見分ける必要があります。マネジメントスキルが高く求められる職務においては昇格と判断すべきでしょうが、専門性を求められるような職務においては不合格と判断することになるでしょう。昇格を本人が希望するなら、専門性も高めてもらう必要性が生

じます。

　左下の象限の「専門スキルが低い」×「マネジメントスキルが低い」は、議論の余地なく不合格となります。

《活用事例》

　右の図表中のAさんのような社員が多いことが会社にとっては理想的ですが、両方のスキルを兼ね備えた人材は、そう多くはありません。現実にはBさんやCさんを昇格させ、OJTやOff-JTを通じてスキル向上を図ってもらうのが一般的です。

　また、微妙なラインのDさんのような人も一定比率は存在するものです。そうした人は、チームリーダーとして組織を任せたり、マネジメントスキルを高める方に誘導するのではなく、個人の裁量で、ある程度自由に活動させることで成果を上げることのできるエキスパート職として遇するというやり方がお互いに好ましい方法となることがあります。

　エキスパート職の事例として、百貨店業界の外商セールスがあります。外商は高い専門スキルが求められ、1人で何人もの富裕層顧客を担当し、彼らの嗜好だけでなく、各々の家族の好みまで熟知しています。そして提案する商材をセレクトし、数千万円もする商品を販売するのです。

図表3-29-2 昇格者選考マトリクス活用例

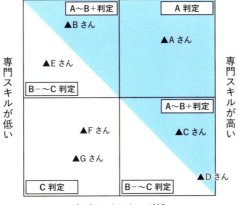

《留意点》

　会社によっては昇格選考で用いる判断基準が異なる場合があります。その企業が重視するポイントを極力定量評価できるように数字に落とし込むことでプロットがしやすくなります。360度評価などのアンケートでも構いません。主観も数が増えれば客観に近くなるからです。

　また、2軸のどちらかに偏った評価の社員であっても、特性に合わせた役割を与えることで活躍させることも可能です。組織として短所に過度に注目するのではなく、長所を活かせるようなポジションを模索することが今後ますます必要になるでしょう。

30 リモートワーク推進マトリクス

図表 3-30 リモートワーク推進マトリクス

環境依存度（システムなど）が低い

相手の了承が必要	すぐにでもリモートワーク可
社内システムなど、リモートワーク環境整備が必要	社内システム改善要

個人依存度が低い　　　　　　　　　　　　個人依存度が高い

環境依存度（システムなど）が高い

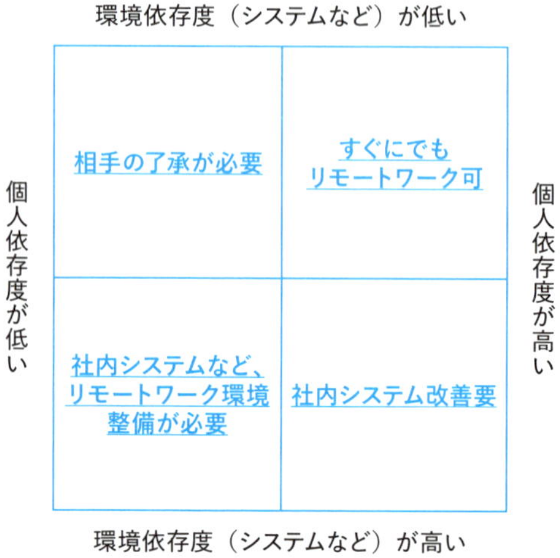

《用いる場面》

　コロナ禍を経て、日本企業でもリモートワークの働き方がかなり認知されてきました。過度のリモートワークは後述するようなリスクもありますが、適度に用いれば、通勤などからも解放され、生産性やワークライフバランスが向上することも期待されます。

　しかしながら、リモートワークの導入がなかなか進まない企業もあるのではないでしょうか。このマトリクスは、リモートワークとの親和性が高い業務を洗い出すもので、リモートワークの促進に向けて、どのような解決策があるかのヒントを得ようというものです。

《使い方・効用》

　このマトリクスでは、各組織における業務内容を洗い出し、「個人依

存度」と「環境依存度（システムなど）」の高低を見極め、マトリクスにプロットします。

　これにより、リモートワークを進めやすい業務と短期的には出社が前提となる業務の棚卸しができます。企業としては、リモートワーク促進に向けた課題の洗い出しにも活用できます。また、子育てや介護などの理由でリモートワークをしたい社員への業務アサインメントを検討する際などにも役立ちます。

《マトリクスの構造》

　タイプはポジショニング型、セル型（分類型）です。

　横軸は「個人依存度が高い／低い」、縦軸は「環境依存度（システムなど）が高い／低い」を設定しました。

　右上の象限の「個人依存度が高い」×「環境依存度（システムなど）が低い」は、最もリモートワークで業務を遂行することが可能な領域です。リモートワークができていないような場合は、組織文化などが理由でリモートワークに移行しづらい風土、社員意識に問題がある可能性が高いです。会社および組織全体として必要なリモートワークは推進していくというメッセージを発信することが求められます。

　右下の象限の「個人依存度が高い」×「環境依存度（システムなど）が高い」は、リモートワークに移行するためには、環境整備が必要です。たとえば、社内データ抽出作業に関して、セキュリティ観点で職場でしか実施できないケースがあります。そのような場合、リモートワークで実施できるようシステム改善などの取り組みが必要です。

　左上の象限の「個人依存度が低い」×「環境依存度（システムなど）が低い」は、リモートワークへの移行が難しくない領域です。たとえば定型的なプロダクトの営業活動や社内会議が挙げられます。自分だけで完結する業務ではないため、相手の了承が必要となりますが、昨今、リモートワークをすることが一般的になっていることを踏まえると、ハー

ドルはあまり高くないと言えるでしょう。

　左下の象限の「個人依存度が低い」×「環境依存度（システムなど）が高い」は、リモートワークに移行する上で、最も難易度が高い領域です。非定型的な営業活動や多数の商品を扱うトレードショーなどが該当します。社内システムの改善だけでなく、業務プロセスの見直しと併せて考える必要があります。リモートワークの導入が進んでいる企業は、この領域の業務に関してもリモートワークできる環境を一定レベル整備しています。それらを参考にするとよいでしょう。

《活用事例》

　ある広告代理店で働く課長のＡさんは、リモートワークを推奨しているにもかかわらず、出社する社員が多く、リモートワークが進んでいない状況を課題と考えていました。なぜリモートワークが進まないのか、業務をこのマトリクスを活用して棚卸ししました。自部署の業務は、主には営業、契約手続き、WEBサイト制作の３つに分けられます。営業は相手との兼ね合いもあり、かつ顧客によってニーズが異なり非定型の度合いが高いため、自社の都合だけでリモートワークに替えるのは難しいです。しかし、契約手続きとWEBサイト制作はリモートワークで実施可能なはずです。

　部下にヒアリングした結果、営業の仕事がほぼ毎日少なからずあるため、結果的に出社を余儀なくされていることがわかりました。Ａさんは、部下に対して営業を主に行う日と、リモートワークで実施できる契約手続き、WEBサイト制作を主に行う日を分けてスケジュールをコントロールするよう指示を出しました。その結果、これまで全社員がほぼフル出社だったところから、平均で週1.5日はリモートワークできるように変わりました。従業員のエンゲージメントも上がっているように感じています。

《留意点》

　リモートワークは絶対的に善というわけではなく、当然デメリットやリスクもあります。一般に、アイデア出しなどの議論やチームビルディングにおいては、リモートワークよりも対面のほうが良いとされます。組織文化の醸成・維持も、対面で会う時間が長いほうが効率的に行えます。リモートワークのデメリットを理解し、それを最小限に留める方策の導入と併せて検討することが重要です。チームビルディングに関しては、メンバーが気軽にコミュニケーションをとれる環境構築を目的に適切なツール（Slackなどのチャット形式のコミュニケーションツール）の導入なども検討するとよいでしょう。

31　メンタルヘルス対応マトリクス

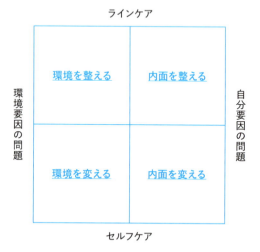

図表3-31　メンタルヘルス対応マトリクス

《用いる場面》

　現代社会におけるビジネスパーソンは様々な要因でストレスを受け、メンタルヘルス不調による休職や退職が社会問題となっています。また、休職や退職とまではいかなくとも、ほぼすべてのビジネスパーソンが何らかのストレスを抱えながら仕事をしています。

　このマトリクスは、メンタルヘルス不調の原因と対策を可視化することで、とるべき解決策を明確化させるために用います。

《使い方・効用》

　このマトリクスは、メンタルヘルス不調を抱えるビジネスパーソンやその関係者が原因に応じてとりうるアクションを挙げて書き込んでいきます。その上で、最も効果をもたらしそうな施策を選ぶのです。個々人

のメンタルヘルス不調を深刻化させないことは組織全体の生産性向上に
もつながります。

《マトリクスの構造》

　タイプはセル型（方向性型）です。

　横軸はストレスの原因（ストレッサー）が「自分要因の問題／環境要
因の問題」とし、縦軸はストレスへの対応策として「ラインケア（組織
的な対応策）／セルフケア（自分自身で対策を行う）」と設定しました。

　右上の象限「自分要因の問題」×「ラインケア」の象限の対応策は「内
面を整える」となります。具体的な対応策は1on1を行う、カウンセリン
グを行うなどが考えられます。

　右下の象限「自分要因の問題」×「セルフケア」の象限の対応策は「内
面を変える」となります。対応策としてはスキルアップを図る、コーチ
ングを受ける、睡眠、運動、休暇などでリフレッシュするなどが考えら
れます。

　左上の象限「環境要因の問題」×「ラインケア」の象限の対応策は「環
境を整える」となります。対応策は会社から休暇を付与する、部署異動
を行うなどの組織的なものとなります。

　左下の象限「環境要因の問題」×「セルフケア」の象限の対応策は「環
境を変える」となります。対応策は異動願いを出す、転職をする、スト
レスの原因と距離を置く、複数の居場所を作る（サードプレイス）など
となります。

《活用事例》

事例1：完璧主義で責任感の強いタイプの人

　リーダー職であるＡさんは、完璧な仕事ぶりと、部下への厳しい指導
で成果を上げてきました。しかし、自身にとって新規となる領域にプロ
ジェクトリーダーとして参加した際、自分が望むような成果が出せず、

メンバーも思い通りに動いてくれないため、メンタルヘルス不調に陥ってしまいました。完璧主義で責任感が強いという特性からの自分要因の問題が原因でした。

そこで、セルフケアとして、自分自身が望むアウトプットを出せるようなスキルを得るため、オンラインのビジネススクールで学び、成果を出せるように成長しました。オンラインにしたのは、移動の時間を減らすなど、物理的なストレスなどを減らすためです。

また、コーチングを受け、自分が他人に比べ完璧主義で責任感が強いという特性を持っていることに改めて気付き、それを客観視した上で周りへの期待値をコントロールできるよう努めました。

その結果、自身のスキルアップで成果がより効果的に出せるようになりました。また、また周りを受け入れるマインドを持つことでストレスが緩和され、メンタルヘルス不調から脱することができました。

自分要因の問題がある時は、「自分を変えることはできるが、他人は変えることができない」という観点から、自分自身を変えるセルフケアの対策が効果的です。

事例2：メンバーとの相性、会社環境

Bさんは、先輩からのハラスメントを受け、同僚に相性の悪いメンバーがいることでメンタルヘルス不調に陥ってしまいました。

また、会社の社風は「スピード感を重視した成果主義」ですが、自身は「長期的視野で丁寧な仕事をしたい」という考え方で、カルチャーフィットが実現していません。

先輩からのハラスメントに対してはラインケアとして、上司と人事部に相談し、ハラスメントを行う先輩への指導をしてもらいました。

相性の悪い同僚への対策は、極力距離をとり接点を少なくしました。また他部署のメンバーとの交流を深め、サードプレイスとして別の居場所を作ることでストレスの緩和を行いました。

カルチャーフィットについては、一社員の意向で変えることは難しく、自身の考え方を変えるしかありません。

　ラインケア、セルフケアともに対策をとれればいいのですが、うまくいかない場合は、転職も視野にストレスの原因を取り除くことが必要となる場合があります。そのため、Bさんは転職も視野に入れた対策を検討しています。

《留意点》

　メンタル不調は様々な要因が複合して生じます。それゆえ、どれか1つだけを選択するのではなく、必要に応じて多方面からのアプローチを複合して用いることが必要となります。

32　スタートアップの成長ボトルネックマトリクス

図表3-32　スタートアップの成長ボトルネックマトリクス

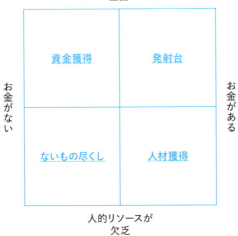

《用いる場面》

　日本政府は革新的なビジネスを生み出すスタートアップ企業を支援するため、スタートアップへの投資額を10兆円規模に拡大することを目指す育成計画案を発表しました。日本におけるスタートアップ支援の環境が整いつつある一方で、スタートアップならではの成長のボトルネックも存在します。このマトリクスでは特にスタートアップで課題となることの多い「お金」と「人的リソース」の観点からボトルネックを探ります。

《使い方・効用》

　このマトリクスは、スタートアップの成長のボトルネックを確認し、

対策をとるために使用します。自社がこのマトリクスのどこに位置するかを確認することで、その問題点に合わせた対応のヒントが得られます。

《マトリクスの構造》

タイプはセル型（方向性型）です。

横軸は「お金がある／ない」、縦軸は「人的リソース（能力×人数）が豊富／欠乏」に設定しました。

右上の象限「人的リソースが豊富」×「お金がある」は「発射台」となります。ここに該当する場合は、今ある人材をつなぎ留めるためのエンゲージメント向上策を行ったり、次なる事業ステージに向けた人員のさらなる獲得を行ったり、将来を見据えた準備を進めていくとよいでしょう。スタートアップならではのスピード感を持った成長を目指して突き進むことが期待されます。

右下の象限「人的リソースが欠乏」×「お金がある」は「人材獲得」となります。早々に大型の資金調達を実現できたスタートアップなどが該当します。優秀な人材を獲得するため、必要に応じて賃金体系の見直しや、働く場所の環境整備などを実践するとよいでしょう。また、自社のビジョンを様々な媒体を通じて広く伝え、それに共感してもらえる人材を採用する努力も当然必要です。

左上の象限「人的リソースが豊富」×「お金がない」は「資金獲得」となります。創業メンバーやそれに近い能力の高いメンバーが集まっているにもかかわらず、資金調達がうまくいかず資金面で困っている状況です。多くの場合、ビジネスモデルの再考が必要とされます。フィードバックをもらいながらビジネスモデルを調整・ブラッシュアップし、ビジネスとしての魅力度・可能性を高めていく必要があるでしょう。

左下の象限「人的リソースが欠乏」×「お金がない」は「ないもの尽くし」となります。多くのスタートアップが創業間もない時期に直面す

る状況です。それゆえ、あまり長期にわたらない限りは、この象限にいること自体は問題ではありません。創業メンバー自らが動き資金調達や人員採用につながる行動を起こしていく必要があります。いきなり固定費的な人件費を抱えることを避け、外部パートナーの活用なども視野にこのフェーズを乗り切る必要があります。

《活用事例》

A社は左上の「資金獲得」の象限に当てはまる企業でした。当然、新たに資金を調達してくる必要性が高くなります。そこで、せっかくいる社内の優秀な人材をフルに活用し、社内から広くビジネスモデルのブラッシュアップ案を募りました。その結果、経営陣も納得できる良いピボット（方向転換）案が練り上がりました。

同時に、社長のBさんは、VCなどの資金提供者にうまく伝える技術も磨きました。数あるピッチ（資金要請のプレゼン）の場において、自社の独自性をうまく伝える工夫を重ねていったのです。従業員のつてを頼ってエンジェル（個人としてスタートアップに投資する富豪。多くは成功した起業家）を探すなどのアクションも起こしました。その結果、ある中堅VCとエンジェル1人からの資金調達に成功しました。これによって半年から1年程度の資金繰りのめどが立ちました。

《留意点》

人材についてはそのレベル感も意識しましょう。スタートアップでは、スペシャリストは多く、一見して人材は足りているように見えて、それを束ねるマネジャーが不足しているという状況は非常によく起こりがちだからです。

また、組織文化へのフィット感がなかったり、スキルレベルが低い従業員もあまり戦力になりません。量だけではなく、質の面にも意識を向ける必要があります。

Part6. 会計・ファイナンス編

33　納入業者の小売店棚割り粗利ミックス

図表3-33　納入業者の小売店棚割り粗利ミックス

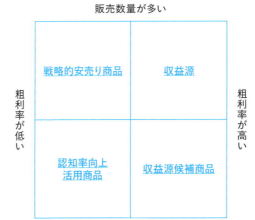

《用いる場面》

　粗利ミックスとは、粗利率の高い商品と低い商品をうまく組み合わせた商品構成により、最終的に一定額の粗利を確保・向上させる販売戦略です。

　意図を持って粗利率の低い商品を目玉に顧客にアプローチし、同時に粗利率の高い商品の購入を促し、トータルで利益を上げるために用いることができます。

《使い方・効用》

　このマトリクスは、メーカーや卸といった納入業者が小売店の店舗の棚に配置された商品を粗利率と販売数量ごとにプロットし、その商品がどのような役割を持っているのかを確認するために用います。

　これにより、目標とする売上や利益をどの商品で稼ぐか計画が立てやすくなり、販売数量を上げる必要があるのか、利益率を優先する必要があるのかの判断もしやすくなります。

《マトリクスの構造》

　タイプはポジショニング型、セル型（方向性型）です。

　横軸は「粗利率が高い×低い」、縦軸は「販売数量が多い×少ない」、円の大きさは「粗利金額」に設定しました。

　粗利ミックスを行うにあたり、利益を最大化させるためには粗利幅のバランスが重要です。そこに製品の販売数量を組み合わせ可視化することで利益の最大化を目指します。粗利、販売数量ともに全社の目標値を中心値に設定します。

　右上の象限「粗利率が高い」×「販売数量が多い」は「収益源」となります。ここに該当する商品は、自社にとって最重要となりますが、他社からも狙われるポジションであるため、参入障壁を築き守らなければなりません。

　左上の象限「粗利率が低い」×「販売数量が多い」は「戦略的安売り商品」となります。ここに該当する商品は、利益を抑えた商品を小売店へ提供することで、収益源商品を配荷するための交渉材料となります。

　右下の象限「粗利率が高い」×「販売数量が少ない」は「収益源候補商品」となります。粗利率が高いのに販売数量が少ないということは、マーケティングの工夫などで販売数量を増やし、収益源となるよう目指す必要があるということです。

　左下の象限「粗利率が低い」×「販売数量が少ない」は「認知率向上

活用商品」となります。自社にとって売上・利益共にメリットは少ない
ですが、小売店の棚を埋めることで自社ブランドのアピールを行い認知
率を高めます。

《活用事例》

多くの企業は、右上の「収益源」を販売するために、左上の「戦略的
安売り商品」をセットで販売します。これにより小売店も集客に活用す
ることができ、「収益源」商品の販売増を目指すのです。

また、左下の「認知率向上活用商品」は、棚を埋めることで他社の
シェアを抑える役割も期待されることがあります。強い定番商品（カル
ビーの「ポテトチップス」のうすしお味、コンソメパンチなど）からの
派生製品などはその役割を担うことが多いです。

《留意点》

縦軸と横軸の中心値をどこに置くかが難しいです。過去の実績なども
ベースに計画を立てるといいでしょう。また、取引先によって微妙に商
品の位置付けが変わることもある点に注意が必要です。たとえば新規に
開拓したい取引先については、期間限定で本来「収益源」となるものを
「戦略的安売り商品」とするなどです。

なお、棚全体で適正な利益確保ができているのであれば、必ずしも4
象限すべてに商品がプロットされる必要はありません。

34　交叉比率マトリクス

図表 3-34　交叉比率マトリクス

在庫回転率が高い

低利高回転	高利高回転
低利低回転	高利低回転

粗利益率が低い（左）　　粗利益率が高い（右）

在庫回転率が低い

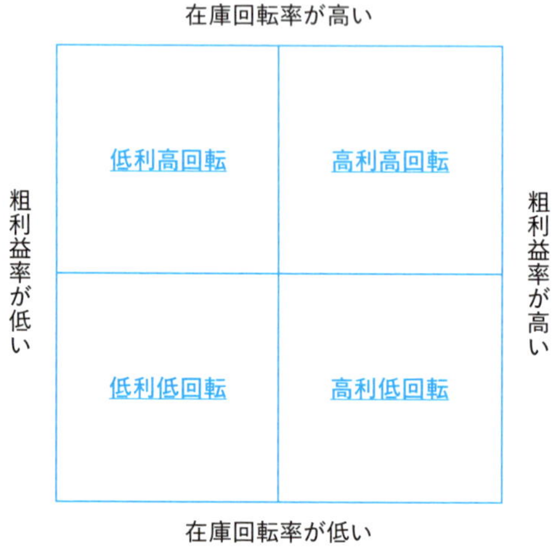

《用いる場面》

交叉比率とは、販売商品がどれだけの利益を上げているのか、投資効率を測るための指標で、在庫管理の観点で適正在庫を把握するために用います。

小売店では商品を店頭に置けるスペースも限られ、在庫も無制限に保管しておくことはできません。そのため、交叉比率を用いて販売するべきアイテムの取捨選択を行います。

交叉比率＝在庫回転率×粗利益率
在庫回転率＝売上原価÷平均在庫高

《使い方・効用》

　このマトリクスは、交叉比率の構成要素である「在庫回転率」と「粗利益率」ごとに商品をプロットすることで、それぞれの商品がどのように利益に貢献しているのかを確認するために用います。

　交叉比率の数値が悪いアイテムの原因が「在庫回転率」「粗利益率」のどちらにあるのか可視化することで、打ち手を明確化できます。

《マトリクスの構造》

　タイプはポジショニング型、セル型（方向性型）です。

　横軸は「粗利益率が高い／低い」、縦軸は「在庫回転率が高い／低い」に設定しました。

　右上の象限「粗利益率が高い」×「在庫回転率が高い」は「高利高回転」となります。ここへ該当するアイテムは自社にとって利益の源泉となります。

　右下の象限「粗利益率が高い」×「在庫回転率が低い」は「高利低回転」となります。ここに該当するアイテムは在庫回転率の改善が必要です。つまり在庫を残さず商品を仕入れ、販売数量を増やす施策を講じます。

　左上の象限「粗利益率が低い」×「在庫回転率が高い」は「低利高回転」となります。ここに該当するアイテムは粗利益率を改善するため、付加価値のある差別化要素を追加する、もしくは売上原価を下げる必要があります。

　左下の象限「粗利益率が低い」×「在庫回転率が低い」は「低利低回転」となります。ここに該当するアイテムは粗利益率、在庫回転率ともに改善しなければならないため、商品の入れ替えを検討する必要があります。

　交叉比率の判断基準は「在庫回転率×粗利益率＝200％以上」が合格とされています。

《活用事例》

失敗事例：

　ある3月決算の家電量販店では交叉比率をバイヤーの評価指標の1つとして採用しています。冷蔵庫担当バイヤーは交叉比率を高める施策として期末商品棚卸高を減らすため、3月の商品仕入れを大幅に絞り在庫金額を減らすことにしました。その結果、平均在庫金額を減らし交叉比率を高めることに成功しました。しかし、3月は引っ越しシーズンであるため冷蔵庫が年間で最も売れる時期です。それにもかかわらず在庫を減らした影響から店頭で在庫切れを起こし、大きな販売機会ロスが発生しました。他社に売上を奪われてしまい、結果的に大幅な利益減となってしまったのです。

　そこでこの家電量販店では、このマトリクスも活用しつつ、交叉比率以外の指標も評価基準に追加するようにしました。意味のあるマトリクスだとしても、1つのマトリクスだけで物事を判断するのは危険な場合もあるのです。

《留意点》

　「在庫回転率」「粗利益率」はともに競合の影響を受けるため、自社の想定通りにいかないことが多くあります。常に市場のモニタリングが必要となります。

35　企業の節税対策マトリクス

図表3‑35　企業の節税対策マトリクス

一過性

不良在庫処分 **評価損の** **有価証券の売却** **消耗品の購入** **固定資産の修繕**	**設備の入替え** **決算賞与の支給**
保険への加入 **固定資産の** **使用期間の延長**	**従業員の賃上げ** **役員報酬の引き上げ** **大型設備の導入** **（減価償却）** **福利厚生の拡充**

守備的対策　　　　　　　　　　　　　　　　投資的対策

継続的

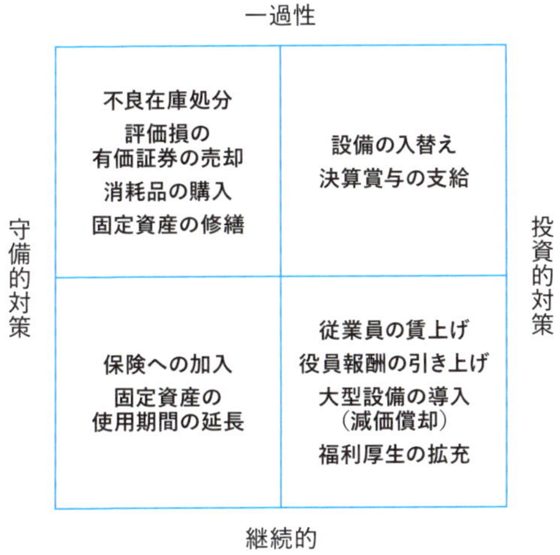

《用いる場面》

　税金の支払額を減らすために、自社の置かれている状況から決算前にできる節税対策を検討する際に使用します。なお、ここでの節税対策とは、単に節税だけを目的とするのではなく、経営上の大方針に沿いながらも「今年中にやっておくことで節税につながる施策」を指すものとします。

《使い方・効用》

　マトリクスに節税案を書き出し、整理することで自社の現状に合った節税対策を多面的に検討することができます。なお、上記マトリクスは参考として施策を記入している状態のものです（他にも各象限ごとに候補はあります）。

《マトリクスの構造》

　タイプはセル型（分類型）です。

　横軸は「投資的対策／守備的対策」、縦軸は「一過性／継続的」に設定しました。なお、投資的対策とは会社の将来の成長や競争力強化を見据えたもの、守備的対策とはキャッシュ確保を重視したものと考えます。

　右上の象限「投資的対策」×「一過性」は、短期的な競争力強化などを意図するものです。設備の入替えや決算賞与の支給などが考えられます。

　右下の象限「投資的対策」×「継続的」は、中長期的な成長を見据えるものです。従業員の賃上げや役員報酬の引き上げ、大型設備の導入や福利厚生の拡充などが考えられます。

　左上の象限「守備的対策」×「一過性」は、そのタイミングならではの保守的な節税対策です。不良在庫処分や評価損の有価証券の売却、消耗品の購入や固定資産の修繕などが考えられます。

　左下の象限「守備的対策」×「継続的」は、中長期的かつ保守的な節税対策です。保険への加入や固定資産の使用期間の延長などが考えられます。

《活用事例》

　経営者であるＡ社長は、今期の決算はヒット商品も生まれ売上が伸びたために大幅増益予測という状況を受けて、節税対策を検討しようと考えました。過去に知人社長より節税について話を聞いたことがあったため、複数の施策が頭の中に浮かんだのですが、具体的にどのような施策が現在の自社に適しているのかわかりません。そこでＡ社長はマトリクスを活用し、いくつかの案を出して整理して考えてみることにしました。

　Ａ社長は、今期ほどの大幅増益の状態は、ヒット商品の売上も落ち着

いてくるであろう来期以降は続かないだろうと予測を立てました。適切な投資案件も近々はなさそうです。そうなると、守備的対策で一過性の象限に該当する左上の象限の施策がよさそうです。A社長は自社の状況も踏まえ、不良在庫処分と消耗品の購入が適切と考えました。後日、マトリクスを活用して役員会において本件を説明したところ、視覚的にもわかりやすいことから、皆すぐに理解を示してくれ、節税対策としてこれらを行うことが決定しました。

《留意点》

今期の決算にばかり意識を向けるのではなく、数年先の財務予測を見据えながら、経営を圧迫しない、無理のない節税対策を選択することが大切です。

36　KPIマトリクス

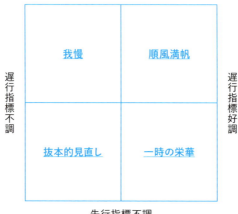

図表3-36　KPIマトリクス

《用いる場面》

　バランススコアカード（BSC）という経営管理ツールがあります。経営戦略の因果関係を明確にした上で、大きく4つのカテゴリーでKPIを設定します。4つのカテゴリーとは「財務の視点」「顧客の視点」「オペレーションの視点」「成長・学習の視点」です。

　BSCにおけるKPIのユニークな点は、それぞれの因果関係にタイムラグがある点です。「成長・学習の視点」→「オペレーションの視点」→「顧客の視点」→「財務の視点」の順に効果が波及していきます。「成長・学習の視点」（例：従業員の学習時間、特許数など）は一番の先行指標で、これが高ければ将来的に業績に貢献する可能性が高いです。一方で「財務の視点」（例：売上高、各種利益など）は現状の稼ぎを表しています。すべての指標が良いというケースばかりではありません。先行指標と遅

行指標のバランスを見ながら戦略を見直したり、適切な問題解決を行うためにこのマトリクスを用います。

《使い方・効用》

通常、各カテゴリーのKPIの数は5個から8個程度です。特に重要なKPI（例：財務の視点における営業利益など）をはじめ、その半分以上が概ね計画を上回っているなら順調と見なしていいでしょう。ここでは、「成長・学習の視点」と「オペレーションの視点」を先行指標、「顧客の視点」と「財務の視点」を遅行指標として考え、それらが順調に推移しているかを確認し、会社の現状がどの象限に属するかを見ます（状況によっては「顧客の視点」を先行指標として扱ってもよいでしょう）。

このマトリクスを用いることで、会社の現状をより多面的に捉えることができ、適切な問題解決を行うことが可能となります。

《マトリクスの構造》

タイプはセル型（方向性型）です。

横軸は遅行指標の状況で「好調／不調」、縦軸は先行指標の状況で「好調／不調」に設定しました。

右上の象限「遅行指標好調」×「先行指標好調」は「順風満帆」となります。基本的に会社経営がうまくいっている状態です。とはいえ、未達のKPIについては慎重にウォッチして、対策を講じることも必要です。

右下の象限「遅行指標好調」×「先行指標不調」は「一時の栄華」となります。財務業績や顧客の評判などは悪くないですが、先行きが不安な状況です。新商品開発が滞っているケースなどが典型です。資金に余裕があるうちに先行指標を上げる施策を打つことが望まれます。

左上の象限「遅行指標不調」×「先行指標好調」は「我慢」となります。将来性はあるものの傍目には業績が悪く見えている状態です。従業員が

辞めてしまわないように説明をする、あるいは会社が倒産しないように
しっかり資金調達をするなどの施策が必要です。

　左下の象限「遅行指標不調」×「先行指標不調」は「抜本的見直し」
となります。早期に戦略の再構築や、状況によってはリストラや売却な
ども検討する必要があるでしょう。

《活用事例》

　かつてフォルクスワーゲンのある海外支社が不調に陥った時（毎年赤
字が続いていました）、BSCを用いて組織改革を行ったことがあります。
その結果、すべてのKPIが悪かった時期から、4年ほどで概ねすべての
カテゴリーのKPIが好調な状況に変わっていきました。特に先行指標
（従業員のエンゲージメントや不良品率など）が大きく改善したことか
ら、その支社は赤字を脱却しただけではなく、明るい未来が期待される
と判断されるようになったのです。

《留意点》

　それぞれのKPIはざっくり見ることも大事ですが、個別に評価するこ
とも必要です。各カテゴリーにおいて、全般的には順調でも、極端に悪
いものがないかなども併せて確認するようにしましょう。

Part7. テクノベート編

37　DX方針マトリクス

図表3-37　DX方針マトリクス

《用いる場面》

　経済産業省のDXレポートでは、既存システムの複雑化・ブラックボックス化に加え、IT人材の不足や各種システムのサポート終了などの実態が示され、これらの課題を克服できない場合、2025年以降、最大1年あたり12兆円の経済損失が生じる可能性があるとしています。

　いまや多くのビジネスパーソンがDXの取り組みに接する機会が増えてきている一方で、依然としてその実態をつかめていない人も多いのではないでしょうか。このマトリクスはDXの狙いを体系的に表現したも

のです。自社の様々なDXプロジェクトが何を意図しているのか改めて確認してみましょう。

《使い方・効用》

このマトリクスは、DXの狙いが網羅的に表現されており、自社のDXプロジェクトのアイデア出しに使用することができます。このマトリクスを用いることで、多方面からDXのアイデアを練ることに役立ちます。

また、すでに立ち上がっているプロジェクトについては、そのプロジェクトの意図を他のメンバーと共有する際にも役に立ちます。

《マトリクスの構造》

タイプはセル型（分類型）です。

横軸に「自社・業界にとっての新しい事業の探索／既存事業の深化」、縦軸に「価値創造型／業務プロセス効率化型」と設定しました。

右上の「価値創造型」×「自社・業界にとっての新しい事業の探索」の象限は「新CVP」（CVPはCustomer Value Proposition：顧客への提供価値）となります。情報共有プラットフォームを構築したビズリーチやANAホールディングス発のスタートアップ、アバターインのビジネスなどが挙げられます。これまでのビジネスモデルに囚われないような新しい価値提案が期待されます。

右下の「業務プロセス効率化型」×「自社・業界にとっての新しい事業の探索」の象限は、「顧客の顕在ニーズ充足」です。タクシーのアプリ配車のような事例が該当します。配車アプリGOでは、これまでのタクシー業界では前例のない、ユーザーが直接アプリで配車できるシステムが構築されています。これまで必要とされてきた配車オペレーターの業務をアプリで解決している事例と言えます。

左上の「価値創造型」×「既存事業の深化」の象限は、「デジタル付加価値」です。AIを用いたカウンセリングサポートや三重県伊勢市で飲

食店を営むゑびやのような事例が当てはまります。これらの事例は、これまで人間ではできなかったような仕事をAIに任せることで価値を生み出している事例と言えるでしょう。

左下の「業務プロセス効率化型」×「既存事業の深化」の象限は「オペレーション改善」です。AIカメラ導入による出荷検査の自動化やVR技術による匠技術の伝承などが当てはまります。既存事業をより深化させ、業務プロセスを効率化させる施策が当てはまります。DXのアイデアを考える際に一番アイデアが出やすい領域と言えるでしょう。

《活用事例》

・ゑびや

三重県伊勢市の伊勢神宮参道にある、創業100年以上の老舗「ゑびや大食堂」を運営するゑびやでは来客予測AIを自作し、自店の仕入れやサービス改善、商品開発、さらに事業計画作りに役立てています。その的中率は95%超にも達するとのことで、2012年からの6年間で売上高を4.8倍に伸ばしました。今では自社で作成した来店予測AIを他社に販売するなどして、これまでの事業領域とは一線を画す領域でのビジネス展開を行っています。「オペレーション改善」から「デジタル付加価値」につなげた例と言えそうです。

・アバターイン

アバターインはANAホールディングスからスピンアウトした会社です。アバターイン社のビジョンには「だれもが、いつでも、どこでも」より多くの人々が、行きたい場所へ瞬間移動できるように、移動の常識や限界をこえていく、と書かれています。newme（ニューミー）と呼ばれるコミュニケーション型遠隔AIロボットを操作することで、瞬時にその場へと移動ができるというコンセプトです。このコミュニケーションロボットにアクセスすることさえできれば、たとえ足が不自由であって

も、遠い国に住んでいても、newmeが設置されている箇所へなら瞬時に移動したかのような体験ができ、コミュニケーションや活動を行うことができます。これまでの祖業の「人を運ぶ」という共通点はそのままに、まったく新しい切り口でテクノロジーを活用した事例です。「新CVP」の好例と言えるでしょう。

《留意点》

　DXは往々にして下側の「オペレーション改善」や「顧客の顕在ニーズ充足」のアイデアに向かいがちです。しかし、本来DXは新しいビジネスモデルの創造や従業員の意識・行動の変容を含意します。つまり、より重要なのは上側です（人によっては下側の領域はDXに含めないと主張するケースもあります）。既存の考え方や現有のリソースの制約に縛られず、顧客視点に立って何が求められているか、あるいは顧客が何を求めるだろうかということを考え抜き、その方策を考える姿勢が大切です。

38　RPAマトリクス

図表3-38　RPAマトリクス

コスト効率化が
高い

	コスト効率化が高い	
プロセス見直し頻度が多い	**社内メンテナンス** 積極的にRPAを導入していきたいが、随時RPAのシナリオをメンテナンスできる高スキルが必要	**RPA積極導入** 積極的にRPAを導入していく領域	プロセス見直し頻度が少ない
	RPA不適合 RPAを導入する意義が低い	**信頼性向上** 業務の精度向上（ミス防止）という観点で導入する意義がある領域	

コスト効率化が
低い

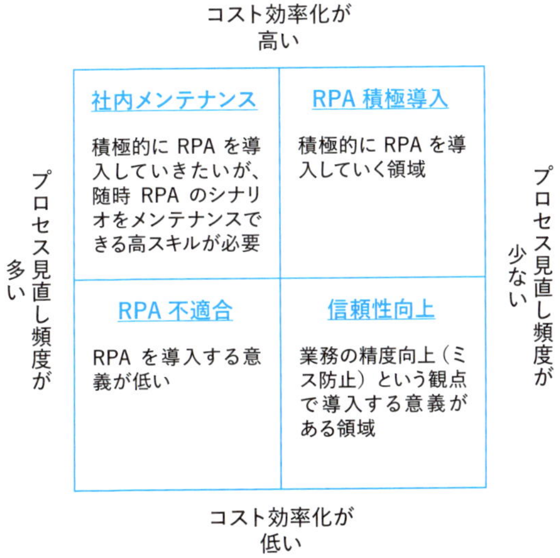

《用いる場面》

　これまで手入力で行っていた作業や、ルーティーン化されているような煩雑な作業をRPAに置き換えることで自動化し、業務を効率化させた事例が増えてきています。このマトリクスはRPAを導入すべき業務の洗い出しとRPA化の優先順位を検討するために使用します。

《使い方・効用》

　このマトリクスは、RPAを優先的に導入すべき業務の洗い出しに使用することができます。

　はじめに、自組織の定常業務を洗い出し、稼働時間などのコストがどの程度発生しているかを確認します。次に、その業務のプロセス見直し

頻度を確認します。それをマトリクス上にプロットすることにより、RPAの導入を優先的に進めるべき業務を可視化することができます。

《マトリクスの構造》

タイプはポジショニング型、セル型（分類型）です。

横軸に「プロセス見直し頻度が多い／少ない」、縦軸に「コスト効率化が高い／低い」という軸を設けました。

右上のプロセス見直し頻度が少なく、コスト効率化が高い業務は、積極的にRPAを導入していくべき領域となります。既存業務をRPAに置き換えることによって、業務を自動化できるため空いた時間で別の作業を行えるようになります。

右下のプロセス見直し頻度が少なく、コスト効率化が低い業務は一見、RPAを導入しても効果が薄いように感じられるかもしれません。しかし、信頼性が求められるような作業に関してはRPAを導入する意義があります。人為的なミスを減らしたい業務に関しては、RPAの導入を検討してみるといいでしょう。

左上のプロセス見直し頻度が多く、コスト効率化が高い業務はRPAを社内でメンテナンスできるよう準備を進める必要があります。近年ローコード開発やノーコード開発といった分野がより充実してきており、非エンジニアでも簡単な承認フローを作成したり、データの入力作業を自動化するアプリケーションを作成したりすることもできるようになっています。

左下のプロセス見直し頻度が多く、コスト効率化が低い業務はRPAをわざわざ導入する必要はないと考えられます。RPAの開発コストや開発期間に見合ったリターンが必ず得られるとは言い難いため、いったん検討から除外してもいいでしょう。

《活用事例》

　プロセス見直し頻度が多く、コスト効率化が高い業務に関しては、先にも紹介した通り、自社で業務アプリケーションを自作することも検討するとよいでしょう。マイクロソフト社が提供するPower appsやPower Automateを使用することで簡単にRPAを自作することができます。インターネットで「RPA」「Power Automate」などと検索すると思ったよりも多くの情報を得ることができます。またYouTubeなどにも使い方を説明してくれている動画などが多数あります。そのような情報を利用することで非エンジニアをうまく活用することができれば、予算をあまりかけずにRPAを導入することが可能となります。

《留意点》

　RPAを検討するにあたり、事前に普段行っている業務の棚卸しを行っておくことが必要となります。当たり前と思っていた作業についても自動化できないか見直すことで、案外RPAに適した項目を抽出することができるかもしれません。

39　AIに代替されやすい仕事マトリクス

図表3-39　AIに代替されやすい仕事マトリクス

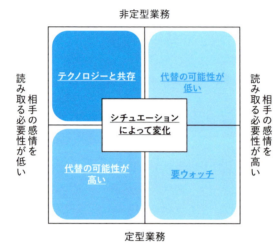

《用いる場面》

　AIの発展により、AIに仕事を奪われてしまう仕事と、今後も残る仕事が生じるとともに、AIの登場により新たに生まれる仕事が登場する見込みです。このマトリクスを用いることで、AIに代替されやすい仕事、されにくい仕事を確認することができます。企業にとっては中長期観点での資源（ヒト・カネ）の投下領域を見定める際に活用できます。また、個人にとっては、自身のキャリアを考える上で参考になります。

《使い方・効用》

　はじめに、自社の仕事を洗い出し、その仕事が定型業務か非定型業務なのか、相手の感情を読み取る必要性が高いのか、低いのかを見極め、マトリクスにプロットします。労働力不足が社会課題となる現代では、

AIの得意なことを把握し、置き換えられる仕事はAIに任せてしまう方が効果的です。人間は人間でなければできない仕事にフォーカスすることができれば、これからますます人口が減る日本にとっても、人的リソースを有効活用することができます。

《マトリクスの構造》

タイプはポジショニング型、センターボックス型です。

横軸は「相手の感情を読み取る必要性が高い／低い」、縦軸は「定型業務／非定型業務」と設定しました。

AIはインプットしたデータに基づき定型的な作業を繰り返し正確に行うことや、数値化されたデータの処理は得意としています。その一方で、感情を読み取ることや、情報が少ない中での判断は苦手としています。したがって、右上の象限「相手の感情を読み取る必要性が高い」×「非定型業務」は、AIが最も不得意で、代替が最も難しい領域です。たとえば、経営者、マネジメントコンサルタント、アーティストなどの仕事が挙げられます。

右下の象限「相手の感情を読み取る必要性が高い」×「定型業務」は、定型業務ではあるため、一部AIに代替できる可能性はありますが、相手の感情を読み取る必要性が高いため、すべてを代替することは難しいと想定されます。たとえば、営業、接客を伴う外食、医療などの仕事です。

左上の「相手の感情を読み取る必要性が低い」×「非定型業務」も、一部は代替できるものの、すべてをAIで置き換えるのは難しい領域です。たとえば、商品開発、データサイエンティスト、学者、研究者などの仕事です。新しいアイデアやアブダクション的思考法（アブダクションは結果から遡って原因を推測する考え方。ニュートンが「月は地球の周りを回転するのに、リンゴが地上に落ちるのはなぜ？」という疑問から重力の存在を提唱したような発想法）が求められるため、これまでの

経験による学習から予測を導き出すことを基本とするAIでは難しいところです。ただし、アイデアの検証などの工程はAIがかなり貢献できるでしょう。

左下の「相手の感情を読み取る必要性が低い」×「定型業務」は、最もAIへの代替が進む領域でしょう。たとえば、事務、経理、運転、小売店の販売の仕事などです。

最後に、真ん中に状況によって変化しうる職業があります。教師やカウンセラーなどの仕事です。たとえば教師という仕事は現在は1対多人数を前提としています。しかし、高等教育になるほど、教えるというタスクはAIが担った方が、学生1人1人の学習ニーズに対応できる可能性が高そうです。

《活用事例》

freeeやマネーフォワードなどのクラウド会計ソフトでは、領収書をOCR機能で読み取らせることで、読み取った画像をAIが判断し仕訳を行い、その結果をもとに財務分析まで行えるようになっています。最初は精度が低かったですが、繰り返し読み取らせることで精度が上昇し、人間よりも速くて正確な経理業務を行えるようになりました。まさに代替の可能性が高い仕事が代替されつつあるのです。

《留意点》

AIは凄まじい速度で発展を続けています。現在は代替可能性が低いと思われている仕事でも、近い将来置き換えられてしまう可能性があります。技術進化の正確な予測は難しいですが、ある程度のイメージを持っておくことは必要です。

40　AIに代替されにくい仕事マトリクス

図表3-40　AIに代替されにくい仕事マトリクス

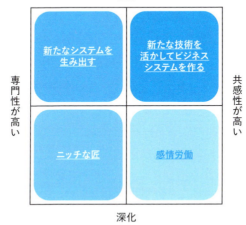

《用いる場面》

　前項ではAIに代替されやすい仕事を紹介しました。やはりこれからのビジネスパーソンはAIに代替されにくい仕事を担うことが期待されます。それを分類したのがこのマトリクスです。

《使い方・効用》

　このマトリクスは、AIに代替されにくい仕事を洗い出し、その程度を確認するために使用します。このマトリクスを用いることで、まだまだ人間がやることに意味がある仕事を再発見することができます。また、個人のキャリアデザインのヒントを得ようとする際にも役立ちます。

《マトリクスの構造》

タイプはポジショニング型です。

横軸は「専門性が高い／共感性が高い」、縦軸は「進化／深化」に設定しました。

右上の象限「進化」×「共感性が高い」は「新たな技術を活かしてビジネスシステムを作る」です。起業家が新たな技術を活かしてこれまでになかったような新たなビジネスシステムを作るケースも増えてきています。モノからコト、感情へと進化する顧客ニーズを捉えることが必要なため、AIは容易には取って代われません。社内起業家（イントレプレナー）なども同様です。

右下の象限「深化」×「共感性が高い」の象限は「感情労働」です。人の感情を読み取り、相手のことを思って行動をするという作業はAIにはまだまだできません。相手とのコミュニケーションを主軸として相手に寄り添うことができるこの領域は人間ならではの仕事と言えるでしょう。看護師や保育士などがここに入ります。高度な意思決定を期待される企業のマネジャーもここに入るかもしれません。仕事のタイプによっては左下の象限との境目に来るケースも多いでしょう。

左上の象限「進化」×「専門性が高い」は「新たなシステムを生み出す」です。AIやテクノロジーの進化には必ずそれらを創り出す人たちがいます。この領域では、自らが新たなシステムを生み出していけるような仕事が当てはまります。データサイエンティストやAIコンサルタントなど、新たな技術の登場により発生してきた新しい仕事がここに含まれます。テクノロジーの進化によって、また新たに人間が行うべき仕事が生まれてくる事例と言えます。

左下の象限「深化」×「専門性が高い」は「ニッチな匠」です。たとえば身体を触っただけで体の歪みを察知し、適切に施術を行ってくれるようなマッサージ師に心当たりはないでしょうか。あの人だからお願いしたいといったその道のプロは少なからずいるでしょう。一流の料理人

や職人などもやはり人間ならではの温かみがあり、技が光ります。ニッチな領域をとことん極めた匠と言われるような仕事に関しては、まだまだAIやロボットには代替されないでしょう。

《活用事例》

データサイエンティストという仕事を耳にしたことのある人も多いでしょう。近年では新卒入社のデータサイエンティストの給料がプロパー社員の給料を超えてしまうといったほど、データサイエンティストの需要が高まってきています。なぜそのような現象が起こるのでしょうか。

データサイエンティストには「プログラミングスキル」に加え、「数学と統計学の知識」「分野の専門知識」が求められるとされます。データの取得、操作、理解、モデル構築、実行といった「プログラミングスキル」、基礎的な統計学、アルゴリズムの理解、実践的知識と経験が必要な「数学と統計学の知識」、そしてビジネス課題の理解、社内のデータ理解といった「分野の専門知識」が必要なわけです。これらの要素を兼ねそろえた人材は極めて希少なため、マトリクスの左上の象限に入るそうした人材を求めて、各社が待遇を良くしているのです。

《留意点》

前項目同様、ここで例として挙げた中にも数年後にAIで代替されているものも存在するかもしれません。たとえば作家という仕事は現時点では「ニッチな匠」の仕事と言えますが、AIが進化したら、芥川賞や直木賞を獲得できるレベルの小説を書いてくれる可能性は否定できません。ゼロから小説を書けないまでも、簡単なプロットを与えたら、長めの中編小説から短めの長編小説に相当する10万字程度の文章は書いてくれるかもしれないのです。

エピローグ

　エピローグでは第3章で紹介したオリジナルのマトリクスを実際に活用するシーンをエピソードでご紹介します。プロローグで登場した鈴木千夏さんに再び登場してもらいます。具体的には、「37　DX方針マトリクス」の活用事例を見つつ、彼女がオリジナルのマトリクスを作って活用するシーンも紹介します。

　エピソードを読みながら、「自分だったらこのマトリクスはこんなふうに使うかな」、あるいは「オリジナルでこんなマトリクスを作れるかも」などと考えてみてください。

　あれから5年。鈴木千夏さんはマッチングアプリを運営する株式会社トゥルーハート社（以下TH社）に転職していました。仕事はサービス開発室の次長です。重責を担いつつも鈴木さんは着実に成果を残し、社内でも信頼されるようになっていました。

　TH社のメインサービスは結婚相手探しを主目的とするサイト「ステディ」の運営です。結婚目的の顧客を相手にしているため、「遊び目的」の男性などは弾くようなシステムを構築していました。それゆえ、通常のマッチングアプリとは異なり、身分証明書を示してもらうとともに、年収のようなデリケートな情報も入力してもらうような設計としていました。

　また、特に女性会員にありがちな要望に対し、「普通と言うけれど、それは普通じゃない」「もう少し現実を見ましょう」などのアドバイスも盛り込むようにしました。「高望みはしないけれど、身長は175cm以上、

年収は600万円、GMARCH以上の学歴、容姿は星野源さんくらい」などと言う女性がそれまでは多かったのです。ただ、この4つの条件だけでも該当者はすべて40％未満、項目によってはさらにそれより小さい比率です。それぞれの条件を掛け算していくと、婚活市場の男性の数％しかいなくなるという現実を最初に強く印象付けるようにしたのです。

　さらに近年では、単にマッチングを支援するだけではなく、結婚希望者にコミュニケーションのヒントをウェブで公開するような仕組みも作っていました。たとえば、いざデートにこぎつけても、女性とうまく話せない男性が多かったからです。女性に「今日は夕焼けが綺麗ですね」と言われて、「そうですね。ところで、なぜ夕方の太陽が日中の太陽より大きく見えるかというと……」、あるいは、「そうですね。明日は晴れるでしょう。なぜなら……」などと受け答えする男性が多かったのです。これではロマンチックな話も進みません。そこでTH社では、特に男性向けに、「女性からこんな話をされたら、こう答えればいいですよ」といったマニュアルを揃え、ネットで見られるようにしていきました。

　ある日のこと、鈴木さんは部下の瀬古一郎さんに話しかけられました。瀬古さんは社歴が長く、ユニークな提案をしてくれることの多い、頼れる存在です。

　「今やっている『ステディ』のサービスはいいと思うんですよ。でも、せっかくノウハウも溜まってきたんだから、もっと何かできそうな気がします」

　鈴木さんは答えます。

　「そうだよね。確かに顧客の評判はいいけれど、何かできそうな気は

するよね。特に今はDXの時代、デジタルテクノロジーを活用して何かできないかしら」

　2人は改めてDXの目的について、書籍にあったDX方針マトリクスで考えてみました。今行っている施策は、基本的に左上の「デジタル付加価値」、あるいは見方によっては右下の「顧客の顕在ニーズ充足」に思えてなりません。せっかくビッグデータも溜まってきたので、そこで何かできないかと2人は考えてみることにしました。

DX による新しい価値創出

価値創造型

デジタル付加価値	新 CVP
オペレーション改善	顧客の顕在ニーズ充足

既存事業の深化 ← → 自社・業界にとっての新しい事業の探索

業務プロセス効率化型

　「瀬古さん、オペレーションの改善などは当然やるとして、この右上の新しい提供価値って何かやれそうなことないかな？」
　「まあ、ありそうな気はしますね。でも具体的に何かと言われると難しいかも……」

　2人はしばし黙りこくりましたが、瀬古さんがこんな発言をしました。

「ところで、結婚にまで至らない最大の理由って結局収入の問題でしたよね」

「まあ、いろいろあるけど、将来の経済性に不安というのが項目としては一番なのは間違いないよね」

瀬古さんは閃きました。

「だったら、特に男性の年収を上げる施策を打つのはどうでしょう？これは新CVPの提供につながりますよ」

「えっ。でもそれにうちの会社が対応できるかな。転職サイトじゃないし」

「これは仮説ですが、年収が上がらない原因の最大のものはコミュニケーションが苦手ということじゃないでしょうか。だったら、男女関係にとどまらず、コミュニケーション力向上で年収が上がります、みたいなビジネスもできるんじゃないでしょうか」

「なるほど。確かに、今の年収では不十分だからといって結婚を躊躇するアラサーの男性は多いよね。単に女性とのコミュニケーション力をアップさせるだけではなく、会社におけるコミュニケーション力アップのヒントを与えることができれば、年収も上がって、婚姻率も上がるという流れは生まれるかもしれない。それはうちの本業にとってもプラスね」

「その通りですよ。特に男性のコミュニケーション力を上げることは、マッチングの成功率にとどまらない価値を生むんじゃないでしょうか。年収が上がって喜ばない人はいないと思います」

「なるほど。だったら、うちのビッグデータを使ったサービスも展開できそう」

こう考えた2人は、早速経営陣にプレゼンを行いました。そして、「そ

こに大きなチャンスがあるかもしれない」ということで、GOサインが出たのです。

　2人は、まずはコミュニケーションが苦手な人のタイプ分けをしようと考えました。鈴木さんはいまや得意技となったマトリクス思考をここでも活用してみました。

　「コミュニケーションが苦手な人ってこんな感じに分類できるんじゃないかな」

コミュニケーションが苦手な人①

聞く力が強い

話す力が弱い　　　　　　　　　　　　　話す力が強い

聞く力が弱い

　「なるほどですね。でもコミュニケーションは聞く、話すというだけではないので、こんな感じはどうでしょう」

　瀬古さんもマトリクスを描いてみました。

223

コミュニケーションが苦手な人②

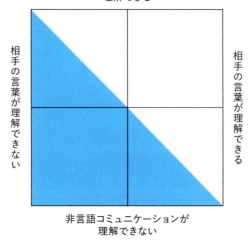

「なるほど。確かに自分が表現する以前に、相手の言葉や、表情や仕草の意味を読み取る力は重要ね。うちは非言語コミュニケーションについてもノウハウが溜まっているから、それが活用できそう。他にも、『共感力』×『内向的』とか、いろいろなバージョンが作れそうね。さて、どうしたものか」

「コミュニケーションが苦手な人を思い浮かべて、その原因でいくつかマトリクスを作ってみましょうか。それで大枠の方向性を考えてみましょう」

2人は議論を重ね、結局、以下のマトリクスでターゲットを絞り、ソリューションを考えてみることにしました。

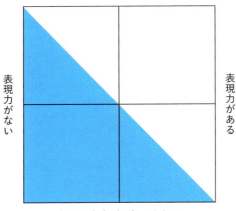

コミュニケーションが苦手な人③

「なかなか難しい課題でソリューションをどうするかも難題だけど、うちの会社に溜まったデータに加え、コミュニケーションコンサルタントの人などにもヒントをもらいましょう」

「それがいいかもしれないですね。コミュニケーション力はいったん自信がつくと加速度的に高くなる傾向もありますから、自信を早期につけてもらうようなソリューションも考えたいですね」

2人は過去に溜まったデータやコンサルタントのアドバイスをベースに、どうすれば会社の人とうまくコミュニケーションできるかというQ＆Aのひな型をまずは作りました。これだけでいきなりマネタイズするのは難しいと感じたため、最初は男性会員向けのオプションサービスとして実験的に提供しました。まずは「デジタル付加価値」の象限から攻めたのです。ところが、予想以上にこのサービスを利用する人は多く、もっとオプション料金をとれそう、あるいは予想通りこれだけでマネタイズもできる可能性があるということがわかりました。

2人は議論しました。

「やはりこれだけで収益化できる新サービスも作れそうだね」

そして2年後。TH社は、単なる結婚希望者向けのマッチングサイトではなく、年収を上げるための工夫についても情報をくれるサービスを提供しているとの評判が高まっていました。年収が上がれば自ずと成婚率も上がります。比較サイトでもTH社は独自の差別化ができているとして評判になっていました。

鈴木さんは改めて思い返していました。

「瀬古さんから相談を受けた時にはどうしようと思ったけど、やはりマトリクスで考えるのは効果的ね。コミュニケーションもしやすくなるし、いろいろなアイデアも出やすくなる。これからも積極的に使わない手はないわね」

【参考文献】

全般

『グロービスMBAキーワード 図解 基本フレームワーク50』（グロービス著、ダイヤモンド社、2015年）

『グロービスMBAキーワード 図解 基本ビジネス分析ツール50』（グロービス著、ダイヤモンド社、2016年）

第3章

ニトリ新卒採用サイト「人材育成 キャリア伴走型」ページ
https://www.nitori.co.jp/recruit/newgraduate/workstyle/education/

intra-mart DPS「ナッジ理論とは？フレームワーク『EAST』や身近な活用例からビジネスの活用例まで解説」
https://dps.intra-mart.jp/blog/category_business/nudge_theory

『エフェクチュエーション』（サラス・サラスバシー著、加護野忠男監訳、髙瀬進・吉田満梨訳、碩学舎、2015年）

ハーバード・ビジネス・スクールケース「フォルクスワーゲン・ド・ブラジル社：バランスト・スコアカードによる戦略推進」（Robert S.Kaplan、Ricardo Reisen de Pinho、2014）

CNET Japan「"老舗ベンチャー"ゑびや大食堂が『的中率9割』のAI事業予測をサービス化！」
https://japan.cnet.com/extra/ms_ebiya_201710/35112861/

アバターインHP
https://about.avatarin.com/

著者・執筆者紹介

著者

グロービス経営大学院

社会に創造と変革をもたらすビジネスリーダーを育成するとともに、グロービスの各活動を通じて蓄積した知見に基づいた、実践的な経営ノウハウの研究・開発・発信を行っている。

・日本語（東京、大阪、名古屋、福岡、オンライン）
・英語（東京、オンライン）

グロービスには以下の事業がある。

・グロービス・エグゼクティブ・スクール
・グロービス・マネジメント・スクール
・企業内研修／法人向け人材育成サービス
　（日本、中国、シンガポール、タイ、米国、欧州）
・GLOBIS 学び放題／GLOBIS Unlimited
・出版／電子出版
・GLOBIS 学び放題×知見録／GLOBIS Insights
・グロービス・キャピタル・パートナーズ
・一般社団法人G1
・一般財団法人KIBOW
・株式会社茨城ロボッツ・スポーツエンターテインメント
・株式会社LuckyFM茨城放送

執筆・監修

嶋田毅（しまだ・つよし）

グロービス経営大学院教員、グロービス出版局長。東京大学理学部卒業、同大学院理学系研究科修士課程修了。戦略系コンサルティングファーム、外資系メーカーを経てグロービスに入社。著書に『MBA 100の基本』『ビジネスで使える数学の基本が1冊でざっくりわかる本』『KPI大全』（以上東洋経済新報社）など。その他にも多数の共著書、共訳書がある。

執筆

阿部真巳（あべ・まさみ）

IT系商社営業管理部、特定非営利活動法人日本ビジネスケースコンペティション実行委員会監事。グロービス経営大学院修了。家電専門商社の商品部で幅広い業務に携わったのちに、遊具メーカー経理部を経て現職。

岡由樹（おか・ゆうき）

株式会社NTTドコモエンターテイメントプラットフォーム部担当部長、アリーナ運営会社社外取締役。北海道大学大学院応用物理学専攻修了。グロービス経営大学院修了。アリーナ・スタジアム運営を中心に、エンターテインメント業界の発展に貢献。

佐藤絵里奈（さとう・えりな）

金融業界営業職。グロービス経営大学院修了。金融業界にて営業の実務経験と経営知識を基に、顧客の課題解決に長年従事。

田中健二（たなか・けんじ）

株式会社富士通ゼネラルLife Conditioner開発部マネージャー。グロービス経営大学院修了。事業部門で製品の設計開発業務に長年携わった後、研究所を経て、現在は新規事業企画に従事。

【著者紹介】

グロービス経営大学院

社会に創造と変革をもたらすビジネスリーダーを育成するとともに、グロービスの各活動を通じて蓄積した知見に基づいた、実践的な経営ノウハウの研究・開発・発信を行っている。

・日本語（東京、大阪、名古屋、福岡、オンライン）
・英語（東京、オンライン）

グロービスには以下の事業がある。
・グロービス・エグゼクティブ・スクール
・グロービス・マネジメント・スクール
・企業内研修／法人向け人材育成サービス
　（日本、中国、シンガポール、タイ、米国、欧州）
・GLOBIS学び放題／GLOBIS Unlimited
・出版／電子出版
・GLOBIS学び放題×知見録／GLOBIS Insights
・グロービス・キャピタル・パートナーズ
・一般社団法人G1
・一般財団法人KIBOW
・株式会社茨城ロボッツ・スポーツエンターテインメント
・株式会社LuckyFM茨城放送

マトリクス思考

2軸で切る、視える、決める

2025 年 4 月 1 日発行

著　　者──グロービス経営大学院
監　　修──嶋田　毅
発行者──山田徹也
発行所──東洋経済新報社
　　　　　〒103-8345　東京都中央区日本橋本石町 1-2-1
　　　　　電話＝東洋経済コールセンター　03(6386)1040
　　　　　https://toyokeizai.net/

装　　丁………小口翔平＋畑中茜(tobufune)
ＤＴＰ………アイランドコレクション
製　　版………朝日メディアインターナショナル
印　　刷………TOPPANクロレ
編集協力……近藤彩斗／齋藤宏軌
編集担当……川村浩毅

©2025 Graduate School of Management, GLOBIS University
Printed in Japan　　　ISBN 978-4-492-04789-7

　本書のコピー、スキャン、デジタル化等の無断複製は、著作権法上での例外である私的利用を除き禁じられています。本書を代行業者等の第三者に依頼してコピー、スキャンやデジタル化することは、たとえ個人や家庭内での利用であっても一切認められておりません。
　落丁・乱丁本はお取替えいたします。